★ 교과 연계 초등 필독서 48권을 한 권에! ★

책과 신문 읽고 쓰는
초등 탄탄 논술

오현선 글 · 피넛 그림

②
고전
정치·경제
문화·인물
과학·환경
문학
한국사

체인지업
CHANGEUP

이 책을 선택한 어린이들에게

뉴스와 책이 만나 세상을 보는 힘을 키우는 논술

　여러분은 궁금한 게 생기면 어떻게 하나요? 누군가에게 물어보거나, 책을 찾아보거나, 아니면 그냥 마음속에 묻어두기도 할 거예요.

　선생님은 어린이들과 오랫동안 책을 읽어왔어요. 재밌는 이야기책부터 조금은 딱딱한 지식 책, 그리고 고전까지 폭넓게 읽었지요. 그런데 어린이책을 읽다가 놀라운 점을 발견했어요. 어린이책 안에 이 세상이 모두 담겨 있다는 사실이었지요.

　《길모퉁이 행운 돼지》라는 책은 사람들의 욕심을 다룬 이야기예요. 우리 주변을 살펴보면 욕심 많은 사람과 그들의 욕심 때문에 벌어지는 일을 어렵지 않게 만날 수 있어요. 《초정리 편지》라는 역사책을 읽다 보면, 지금 우리가 한글을 어떻게 대하고 있는지 생각해 보고, 한글이 무너지고 있는 우리 사회를 돌아보게 된답니다. 또 《강직한의 파란만장 시장 도전기》라는 사회책을 읽고는 우리 사회의 정치인들이 나라를 잘 이끌어 가고 있는지 살펴볼 수 있어요.

　그 밖에도 어린이책에는 이 세상을 구성하고 있는 모든 이야기가 아주 재미있고 이해하기 쉽게 담겨 있어요. 선생님은 이렇게 좋은 책을 어린이들과 계속 읽고 싶어졌어요. 그래서 매일 독서 논술 교실에서 아이들과 함께 다양한 주제의 책을 읽고 있답니다.

　그러다 보니 좋은 책들을 널리 알리고 싶은 마음이 점점 더 커졌어요. 그래서 《초등 탄탄 논술2》로 여러분을 다시 만나게 되었어요.

　《초등 탄탄 논술2》는 선생님이 읽고 정말 유익하다고 느꼈던 책, 어린이 친구들이 좋았다고 한 책들을 모아 모아 소개한 책이에요. 어린이들에게 꼭 필요한 분야별 필독서들을 한 번에 읽을 수 있는 특별한 책이지요.

　어린이책을 잘 읽는 비법을 하나 알려 줄까요? 책을 읽고 나서 관련된 신문 기사를 찾아 읽는 거예요. 책을 통해 잘 정돈된 이야기를 읽은 후, 지금 우리 곁에서 벌어지는 일을 다룬 신문 기사를 보면 두 가지 정보가 연결되면서 책의 내용을 더 깊이 이해할 수 있어요. 그래서 여기서 소개한 책과 관련된 기사를 함께 읽고 논술 문제를 풀어 보면, 세상을 바로 읽는 시각을 키울 수 있답니다.

　우리가 책 읽기를 하는 이유는 이 책의 제목인 《초등 탄탄 논술》처럼 마음도 생각도 탄탄해지기 때문이에요. 책을 꾸준히 읽으며 생각하는 사람은 어떤 문제가 닥쳐도 잘 이겨낼 힘이 있다고 믿어요. 어린이들이 책을 늘 곁에 두고 생각하는 사람으로 자라기를 응원하고 또 바랄게요.

이렇게 활용해요

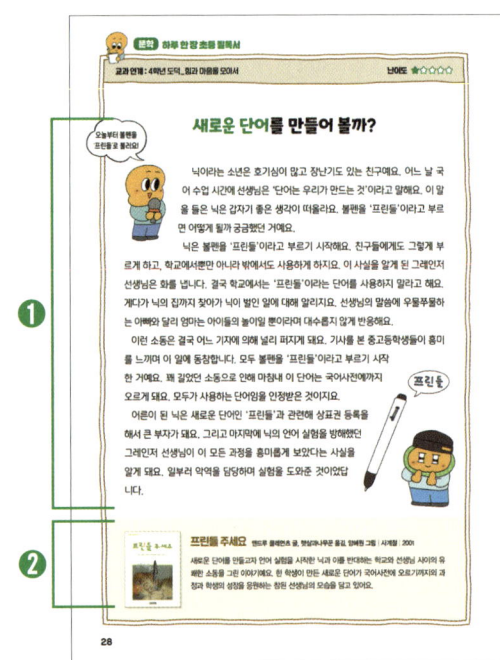

❶ **한 장으로 정리된 초등 필독서 읽기**
- 초등학생이 꼭 읽어야 할 교과 연계 필독서 48권을 뽑아 정리했어요.
- 책 한 권당 한 장으로 요약한 소개 글을 통해 핵심 내용을 한 번에 파악해요.

❷ **책 제목과 표지 확인하기**
- 필독서의 제목과 표지 및 지은이 등 자세한 책 정보를 확인해요.
- 간략하게 요약된 줄거리를 통해 어떤 책인지 쉽게 파악해요.

❸ **책과 연계된 주제의 뉴스 읽기**
- 책에서 다룬 주제를 신문 기사라는 실제 사례와 연결하며 배경지식을 넓혀요.
- 뉴스를 읽으며 책의 관점과 비교하거나 대조함으로써 비판적 사고력을 길러요.
- 특정 저자의 관점에서 서술되는 책과 달리, 뉴스를 통해 다양한 시각으로 주제를 바라봐요.

❹ **'어휘 톡톡'으로 필수 어휘 익히기**
- 뉴스에 등장하는 어휘의 정확한 뜻을 확인해요.
- 상황에 맞는 어휘 사용을 배우고, 뉴스의 전체 내용을 명확하게 파악해요.

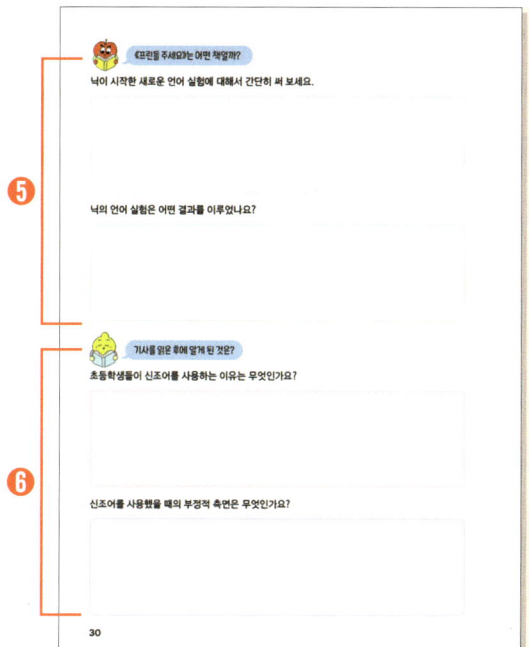

❺ **책 내용 확인하기**
- 소개한 책의 주요 내용을 파악하고, 알게 된 내용을 글로 써요.

❻ **뉴스 내용 확인하기**
- 뉴스를 통해 알게 된 주요한 정보를 집중해서 살펴보고, 알게 된 내용을 글로 써요.

❼ **책과 뉴스를 통해 얻은 정보를 사회 문제에 적용하기**
- 지금까지 알게 된 지식을 활용해 실제 사회에 도움이 될 만한 현실적인 답을 찾아요.

❽ **실생활에 연결할 부분 찾기**
- 실생활에 연관된 자신만의 의견을 완성하고, 더 나아가 토론 능력까지 키워요.

❾ **라온쌤과 함께 나누는 책 이야기**
- 논술 전문 라온쌤이 해당 필독서의 또 다른 정보와 유념하여 읽어야 할 부분을 알려 줘요.

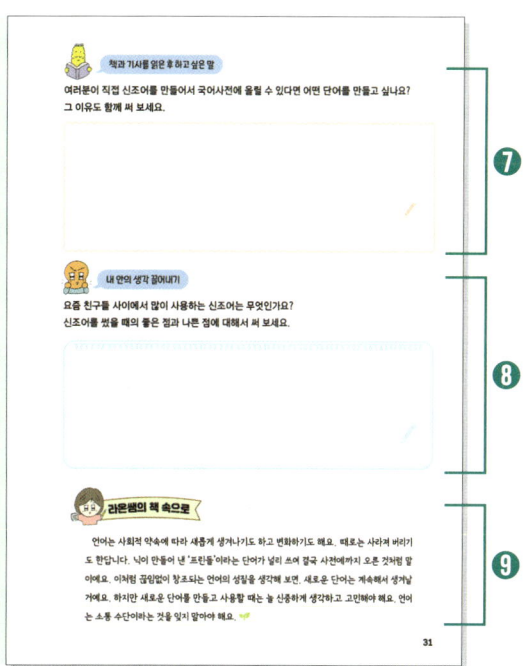

 차례

이 책을 선택한 어린이들에게 2
뉴스와 책이 만나 세상을 보는 힘을 키우는 논술

이렇게 활용해요 4

초등 교과 연계&난이도 10

 **1장 문학** Book & News

1. 길모퉁이 행운 돼지
　세상에 공짜 행운은 없다　16
　복권은 과연 행운일까?　17

2. 절대 딱지
　임대 아파트 아이와는 놀지 마!　20
　아파트 안에 생긴 '보이지 않는 벽'　21

3. 마지막 이벤트
　할아버지, 보고 싶어요!　24
　사회적 관심이 필요한 독거노인의 삶　25

4. 프린들 주세요
　새로운 단어를 만들어 볼까?　28
　하루가 멀다고 생기는 초등 신조어　29

5. 마지막 레벨 업
　가상 세계 탈출을 위한 마지막 레벨 업!　32
　생활 속 깊숙이 들어온 가상 세계　33

6. 리얼 마래
　진짜 나를 찾고 싶은 열두 살 마래　36
　미션이 되어 버린 한국의 양육　37

7. 샬롯의 거미줄
　거미와 돼지의 끈끈한 우정　40
　점점 심해지는 '은따' 문제　41

8. 자전거 도둑
　양심과 도덕을 지키고자 떠난 아이　44
　"미끄러질까 봐 닦았어요"　45

　토론하고 생각 쓰기
　복권에 당첨되는 게 행운일까?　48

　마인드맵으로 생각 키우기
　내가 가장 행복해지는 순간은 언제일까?　49

 **2장 한국사** Book & News

1. 구석기 시대 흥수 아이
　흥수와 함께하는 구석기 모험　54
　흥수 아이, 논란의 진실은 무엇인가?　55

2. 반구대 암각화 이야기
　선사 시대를 보여 주는 반구대 암각화　58
　반구천 암각화, 유네스코 세계 유산 되다!　59

3. 나는 비단길로 간다
　발해의 길에 선 열세 살 소녀　62
　계속되는 중국의 역사 왜곡 논란　63

4. 처인성의 빛나는 밤
　나라를 위해 앞장선 천민들 이야기　66
　우리 곁을 묵묵히 지키는 영웅들　67

5. 초정리 편지
　쉬운 글자를 배운 아이　70
　글은 읽지만 뜻은 모른다?
　아이도 어른도 '이해맹' 시대　71

6. 503호 열차
낯선 곳으로 이주당한 고려인 이야기　74
보호받지 못하는 로힝야족 난민들　75

7. 창경궁에 꽃범이 산다
자신이 키운 표범을 살리려 애쓴 소년　78
경복궁 담벼락에 낙서라니!　79

8. 통일을 향해 슈팅!
북으로 돌아가지 못한 할아버지　82
점점 더 멀어지는 남북 관계　83

토론하고 생각 쓰기
디지털 교과서, 정말 괜찮을까?　86

마인드맵으로 생각 키우기
내가 가장 좋아하는 과목은 뭐지?　87

3장 정치·경제

1. 강직한의 파란만장 시장 도전기
시민을 위해 발로 뛰는 시장 이야기　92
최우수상을 받은 논산시　93

2. 똥 학교는 싫어요!
학교 이름을 바꾼 멋진 아이들　96
학교 주변 청소에 앞장선 초등학생　97

3. 편의점에서 경제도 파나요?
편의점에서 깨닫는 경제 흐름　100
한정판 상품, 진짜일까 속임수일까?　101

4. 카카오톡이 공짜가 아니라고?
망고톡부터 망고택시까지　104
편리함 뒤에 가려진 그림자, e커머스　105

5. 아빠, 법이 뭐예요?
우리 생활 속에 법이 필요한 이유　108
불안 속 계속되는 개인 정보 유출 사건　109

6. 사회는 쉽다!1 (민주주의와 정치)
반장은 신중하게 뽑아야 해!　112
부정 선거 논란의 이장 선거　113

7. 국회의원 서민주, 바쁘다 바빠!
장애인 이동권 보장을 위해 힘쓴 국회의원　116
여전히 해결되지 않은 교통 약자의 안전 문제　117

8. 헌법을 읽는 어린이
나라와 국민을 지키는 최고의 법, 헌법　120
대통령 탄핵, 헌재 전원 일치로 파면 결정　121

토론하고 생각 쓰기
시장과 마트, 어디가 더 좋아?　124

마인드맵으로 생각 키우기
내가 가장 좋아하는 음식은 뭐지?　125

4장 문화·인물

1. 넌 네가 얼마나 행복한 아이인지 아니?
노동에 시달리는 제삼 세계 아이들　130
유튜브에 나오는 아이, 혹시 아동 노동?　131

2. 세계를 움직이는 국제기구
전 세계 사람들을 위해 바쁘게
움직이는 국제기구　134
새로운 국제기구들의 탄생　135

3. 김나미 아줌마가 들려주는
세계 종교 이야기
세계에 퍼져 있는 다양한 종교 이야기　138
종교의 다양성을 인정할 때　139

4. 어린이 저작권 교실
세상의 지식과 권리는 법으로 지키자!　142
AI가 그린 그림은 누구의 저작물일까?　143

5. 김홍도의 풍속화로 배우는 옛 사람들의 삶
조선 사람들의 삶을 그린 김홍도　146
세계에서 주목받는 K-전통 미술　147

6. 유일한 이야기
전 재산을 사회에 환원한 기업가　150
부모에게 의존하는 성인 캥거루족　151

7. 우리 땅 독도를 지킨 안용복
스스로 나서 나라를 지킨 안용복　154
여전히 독도 영유권을 주장하는 일본　155

8. 11월 13일의 불꽃
노동자의 권리를 위해 불꽃이 된 소년　158
2026년, 달라진 최저 임금　159

토론하고 생각 쓰기
아이의 유튜브 출연은 아동 노동일까?　162

마인드맵으로 생각 키우기
내가 가장 좋아하는 유튜브 채널은 뭘까?　163

5장 과학·환경

1. 더운 지구 뜨거운 지구 펄펄 끓는 지구
지금 당장 해결해야 할 지구의 문제　168
4월에 함께 만난 벚꽃과 눈　169

2. 시간 고양이3 (해저 도시와 바다 괴물)
미래에서 만난 환경 이야기　172
국제 사회의 우려와 논란 속
후쿠시마 오염수 방류　173

3. 세상을 꾸민 요술쟁이 빛
빛을 재미있게 이해하는 방법　176
밤하늘도 사라진 잠 못 이루는 도시　177

4. 녹색 인간
먹지 않아도 되는 하이브리드형 인간의 탄생　180
유전자 조작 식품, 식량 위기의 해답이
될 수 있을까?　181

5. 용선생의 시끌벅적 과학 교실3 (지구와 달)
신비롭고 재밌는 지구와 달　184
우주 시대의 문이 열린다　185

6. 오늘도 흔들흔들 지진 연구소
자연스러운 지구의 움직임, 지진과 화산　188
한반도는 지진 안전지대일까?　189

7. 재미있는 식물 이야기
(신문이 보이고 뉴스가 들리는)
아는 듯 몰랐던 식물의 모든 것　192
우리 곁에서 사라지는 들꽃들　193

8. 똑똑한 우리 몸 설명서
복잡하지만 신기한 우리 몸 이야기　196
AI 의사가 사람 몸을 진단한다고?　197

토론하고 생각 쓰기
AI의 수술, 괜찮을까?　200

마인드맵으로 생각 키우기
내 건강을 위해 할 수 있는 일은 뭐지?　201

6장 고전

1. 흥부전
흥부와 놀부의 욕심과 나눔 **206**
노력으로도 못 넘는 벽이 있다고? **207**

2. 심청전
아버지를 위해 몸을 던진 소녀 **210**
대한민국, 노인 부양 문제 '빨간불' **211**

3. 박씨 부인전
흉측한 얼굴에서 영웅으로,
박씨 부인 이야기 **214**
유리천장, 아직도 깨지지 않았다 **215**

4. 홍길동전
정의로운 나라를 세운 의적, 홍길동 **218**
개천에서 더는 용이 나지 않는다? **219**

5. 어린 왕자
진짜 중요한 것을 찾아서 떠나는 여행 **222**
눈에 보이는 것만 중시하는 사회 **223**

6. 마지막 잎새
한 장의 잎새가 준 희망 **226**
희망을 주는 알록달록 마을 벽화 **227**

7. 변신
벌레가 된 인간, 잊혀진 마음 **230**
누군가 곁에 있어 주는 돌봄이 절실 **231**

8. 레 미제라블
양심과 도덕을 지키고자 떠난 장발장 **234**
'배고픔'에 내몰린 범죄 **235**

> **토론하고 생각 쓰기**
> 부모를 모셔야 할 책임은 누구에게 있을까? **238**

> **마인드맵으로 생각 키우기**
> 가족이 있어서 좋은 점은 뭘까? **239**

초등 교과 연계 & 난이도

문학

책 제목	교과 연계	난이도
길모퉁이 행운 돼지	5학년 도덕_바르고 희망차게 가꾸어 가는 나의 삶	★☆☆☆☆
절대 딱지	5학년 도덕_갈등을 해결하는 지혜	★★☆☆☆
마지막 이벤트	5학년 도덕_다 같이 행복한 우리들 세상	★★☆☆☆
프린들 주세요	4학년 도덕_힘과 마음을 모아서	★★★★☆
마지막 레벨 업	5-2 사회_사회의 새로운 변화와 오늘날의 우리	★★★☆☆
리얼 마래	6-1 도덕_내 삶의 주인은 바로 나	★★★☆☆
샬롯의 거미줄	6-1 도덕_작은 손길이 모여 따뜻해지는 세상	★★★★☆
자전거 도둑	5학년 도덕_바르고 떳떳하게	★★★★★

한국사

책 제목	교과 연계	난이도
구석기 시대 흥수 아이	5-2 사회_옛 사람들의 삶과 문화	★★☆☆☆
반구대 암각화 이야기	5-2 사회_옛 사람들의 삶과 문화	★★☆☆☆
나는 비단길로 간다	5-2 사회_옛 사람들의 삶과 문화	★★★★★
처인성의 빛나는 밤	5-2 사회_옛 사람들의 삶과 문화	★★☆☆☆
초정리 편지	5-2 사회_옛 사람들의 삶과 문화	★★★★★
503호 열차	5-2 사회_사회의 새로운 변화와 오늘날의 우리	★★☆☆☆
창경궁에 꽃범이 산다	5-2 사회_사회의 새로운 변화와 오늘날의 우리	★★☆☆☆
통일을 향해 슈팅!	6-2 사회_통일 한국의 미래와 지구촌의 평화	★★★☆☆

정치·경제

책 제목	교과 연계	난이도
강직한의 파란만장 시장 도전기	6-1 사회_우리나라의 정치 발전	★★★★★
똥 학교는 싫어요!	4-2 사회_지역의 공공기관과 주민 참여	★★☆☆☆
편의점에서 경제도 파나요?	6-2 사회_우리나라의 경제 발전	★★☆☆☆
카카오톡이 공짜가 아니라고?	6-2 사회_우리나라의 경제 발전	★★★★★
아빠, 법이 뭐예요?	6-2 사회_인권 존중과 정의로운 사회	★★★☆☆
사회는 쉽다! 1 (민주주의와 정치)	6-1 사회_우리나라의 정치 발전	★★★☆☆
국회의원 서민주, 바쁘다 바빠!	4-2 사회_지역의 공공기관과 주민 참여	★★★★★
헌법을 읽는 어린이	5-1 사회_인권 보장과 헌법	★★★★★

문화·인물

책 제목	교과 연계	난이도
넌 네가 얼마나 행복한 아이인지 아니?	5-1 사회_인권 존중과 정의로운 사회	★★★★☆
세계를 움직이는 국제기구	6-2 사회_통일 한국의 미래와 지구촌의 평화	★★★★☆
김나미 아줌마가 들려주는 세계 종교 이야기	6-2 사회_세계 여러 나라의 자연과 문화	★★★★☆
어린이 저작권 교실	6-2 국어_정보와 표현 판단하기	★★★☆☆
김홍도의 풍속화로 배우는 옛 사람들의 삶	5-1 사회_옛 사람들의 삶과 문화	★★☆☆☆
유일한 이야기	5학년 도덕_바르고 희망차게 가꾸어 가는 나의 삶	★★★★☆
우리 땅 독도를 지킨 안용복	5-1 사회_국토와 우리 생활	★★★☆☆
11월 13일의 불꽃	6-1 사회_우리나라의 정치 발전	★★★☆☆

과학·환경

책 제목	교과 연계	난이도
더운 지구 뜨거운 지구 펄펄 끓는 지구	5-2 과학_날씨와 우리 생활	★★☆☆☆
시간 고양이3 (해저 도시와 바다 괴물)	5-2 과학_생물과 환경	★★☆☆☆
세상을 꾸민 요술쟁이 빛	4-2 과학_그림자와 거울	★★★☆☆
녹색 인간	4-2 사회_사회 변화와 문화의 다양성	★★☆☆☆
용선생의 시끌벅적 과학 교실3 (지구와 달)	6-1 과학_지구와 달의 운동	★★★☆☆
오늘도 흔들흔들 지진 연구소	4-2 과학_화산과 지진	★★★☆☆
재미있는 식물 이야기	6-1 과학_식물의 구조와 기능	★★★★☆
똑똑한 우리 몸 설명서	6-2 과학_우리 몸의 구조와 기능	★★★☆☆

고전(우리 고전·서양 고전)

책 제목	교과 연계	난이도
흥부전	5학년 도덕_갈등을 해결하는 지혜	★★★☆☆
심청전	5학년 도덕_인권을 존중하며 함께 사는 우리	★★☆☆☆
박씨 부인전	5-1 사회_인권 존중과 정의로운 사회	★★☆☆☆
홍길동전	5학년 도덕_인권을 존중하며 함께 사는 우리	★★★☆☆
어린 왕자	5학년 도덕_바르고 떳떳하게	★★★☆☆
마지막 잎새	6학년 도덕_작은 손길이 모여 따뜻해지는 세상	★★☆☆☆
변신	6학년 도덕_내 삶의 주인은 바로 나	★★★☆☆
레 미제라블	5학년 도덕_바르고 떳떳하게	★★★★★

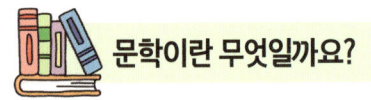 문학이란 무엇일까요?

마음을 비추는 다채로운 삶의 이야기

문학은 언어로 삶을 이야기하는 장르입니다. 단순히 재밌는 사건만 나열하는 것이 아니라 작가의 상상력과 표현력을 바탕으로 인간의 여러 감정과 생활 모습을 보여 줘요. 그래서 문학을 읽으면 현실에서 경험할 수 있는 평범한 이야기를 통해 깊은 감동을 받고 깨달음을 얻기도 해요. 상상이 가득한 이야기는 읽는 것만으로도 새로운 세상을 경험하게 하지요.

문학에는 다채로운 성격을 가진 인물이 등장해요. 그들의 삶이나 생각을 보여 주며 독자도 함께 생각하게 하는 게 문학의 매력이에요. 문학 속 인물은 때로는 어느 한 사회의 문화, 가치관을 반영하기도 해요. 그러나 시대를 넘어 인간의 보편적인 생각, 정서, 고민을 담고 있어 시간이 흘러도 가치를 인정 받는 게 바로 문학의 힘이에요.

문학을 왜 읽어야 할까요?

문학을 읽는 것은 마치 다른 사람의 마음속으로 여행을 떠나는 것과 같아요. 등장 인물의 기쁨, 슬픔, 분노, 사랑 등 다양한 감정에 깊이 공감하며, 미처 알지 못했던 새로운 감정을 발견하기도 하고, 자신의 감정을 더욱 풍부하게 이해하고 표현하는 방법을 배우기도 해요.

우리가 살아 보지 못한 다양한 시대와 환경 속에서 살아가는 사람들의 삶을 간접적으로 경험하며, 세상에 대한 이해의 폭을 넓힐 수 있어요. 문학을 읽으면서 인물들이 하는 고민을 따라가다 보면 자기 자신에 대해 깊이 생각하고 우리 주변 문제를 돌아보는 여유도 생겨요. 무엇보다 아름답고 섬세한 표현, 여러 의미를 담고 있는 문장을 읽는 일 자체가 한편으로는 예술 작품을 감상하는 일이기도 해요. 그래서 우리의 마음과 언어가 풍성해지기도 하지요.

어떤 점에 중점을 두어 읽어야 할까요?

먼저 이야기의 흐름을 아는 것이 중요해요. 누가 등장했고, 어떤 일이 있었는지, 인물들은 왜 갈등을 겪었는지 파악해야 하지요. 다음으로는 등장인물의 행동과 말 속에 숨겨진 동기와 감정을 주의 깊게 살펴보세요. '왜 이 인물은 이런 선택을 했을까?', '이 대사에는 어떤 속마음이 담겨 있을까?' 이와 같은 질문을 하며 읽는다면, 이야기가 더욱 깊이 있게 다가오고 주제의 의미도 더 잘 이해될 거예요.

또한 작가가 이야기를 통해 우리에게 전달하고자 하는 메시지가 무엇인지 고민해 보세요. 문학은 작가가 살아오며 경험한 것과 관련이 깊어 때로는 작가의 삶이나 다른 작품들을 함께 살펴보는 것도 작품을 이해하는 데 도움이 돼요. 문학 작품을 읽고 난 후에 자기 생각이나 마음의 변화를 글로 간단히 쓰거나 다른 사람들과 이야기를 나누어 보는 것도 좋은 방법이에요.

이런 질문을 해 봐요

- 그 사람은 왜 그런 행동과 말을 했을까?
- 결말은 왜 그렇게 끝났을까?
- 작가는 이 이야기를 왜 썼을까?
- 갈등은 왜 생겼고, 어떻게 풀렸을까?
- 이 장면이 인상 깊은 이유는 뭘까?
- 이 인물에게 공감이 된 이유는 뭘까?
- 주인공은 왜 선택의 순간에 망설였을까?
- 작가는 왜 그런 표현을 썼을까?
- 마음에 남는 문장은 무엇이며 이유는 뭘까?
- 내가 주인공이었다면 어떻게 했을까?
- 이 이야기에서 무엇을 배울 수 있을까?
- 이야기에 등장하는 장소는 왜 중요할까?
- 이 책을 다시 읽고 싶다면 그 이유는 뭘까?
- 이 이야기는 내 마음에 남았을까?

교과 연계 : 5학년 도덕_바르고 희망차게 가꾸어 가는 나의 삶   난이도 ★☆☆☆☆

세상에 공짜 행운은 없다

어느 날 진달래 마을 길모퉁이에 새로운 가게가 생겨요. 이 가게 이름은 '행운 돼지'예요. 이 가게에서는 행운을 공짜로 준다는 전단지를 동네방네 뿌리기 시작해요. 전단지를 본 사람들은 행운을 받기 위해 너도나도 가게로 향하지요.

행운 돼지 가게에서는 찾아온 사람들에게 놀라운 물건을 나누어 줘요. 영원히 주름이 생기지 않는 다리미, 클레오파트라가 쓰던 미용 가위, 범인을 알아낼 수 있는 안경, 책을 펼칠 때마다 새로운 이야기가 나오는 신비한 책 같은 것이에요. 이런 행운은 사람들 마음을 더욱 들썩이게 하고, 사람들은 끊임없이 가게로 몰려들었어요.

주인공의 부모님도 행운을 얻기 위해 번갈아 가며 가게 앞에 줄을 서다가 행운의 항아리를 받아 와요. 물건을 넣으면 두 개가 되어 나오는 신기한 항아리이지요. 그런데 이게 웬일일까요? 진달래 마을 사람들이 갑자기 돼지가 되기 시작해요. 주인공의 부모님도 돼지가 되어 버리지요. 진달래 마을에는 휴교령이 내려지고 비상 상황이 돼요.

주인공은 부모님을 다시 사람으로 되돌리고 싶어 행운 돼지 가게로 달려가요. 행운 돼지가 가게 안으로 들어가는 것을 보고 따라 들어간 주인공이 행운 돼지에게 따지자 그는 자신이 아닌 사람들의 욕심 때문에 이런 일들이 일어난 것이라 말해요. 과연 이 마을 사람들은 원래대로 돌아올 수 있을까요?

길모퉁이 행운 돼지
김종렬 글, 김숙경 그림 | 다림 | 2006

평범한 동네에 어느 날 특별한 가게가 생기고, 사람들에게 행운을 주기 시작해요. 하지만 이게 과연 행운일까요, 불행일까요? 우리가 늘 바라던 행운의 진짜 의미를 다시 한번 생각해 보게 만드는 독특하고 신비로운 이야기예요.

라온쌤 뉴스 제 01호　　　　　　　　　　　　　키워드 #행운 #복권

복권은 과연 행운일까?

어느 **가판대** 앞에는 오늘도 사람들이 줄을 지어 서 있다. 그 가판대는 최근에 복권 1등 당첨자가 나왔다고 소문난 곳으로, 많은 사람이 그 행운의 기운을 얻고자 모였다. 복권을 사기 위해 기다리는 사람들의 얼굴은 기대감과 설렘으로 가득하다. 일 년 전부터 지금까지 이 가게 앞은 늘 사람들로 북적인다.

사람들이 이처럼 복권을 사는 이유 중 하나는 복권 당첨자가 발표되는 날을 기다리며 느끼는 설렘이 삶의 소소한 행복이 되기 때문이다. 가판대 앞에 줄 서 있던 한 40대 남성도 적은 금액으로 설레는 기대감을 느낄 수 있어 매주 복권을 산다고 말했다.

일부 사람들은 복권이 **인생 역전**을 할 기회라고 믿기도 한다. 1등 당첨자의 이야기를 들으면서 자신도 언젠가는 큰돈을 얻게 될 거라는 희망을 품는 것이다. 그러나 몇 해 전 전 재산을 털어 복권을 샀다가 당첨되지 않아 어려움에 빠진 한 시민의 사연을 보면, 언제 당첨될

복권이 우리에게 주는 행복은 뭘까?

지 모르는 복권에 인생을 걸기는 매우 위험한 일이다. 뉴스에서는 복권으로 인해 가정이 무너졌다는 이야기도 심심찮게 들려온다. 적은 돈으로 잠시나마 설렐 수 있는 것은 좋지만, 복권에 너무 큰 기대를 하기보다는 꿈을 이루기 위한 노력과 성실함이 우선이 되어야 한다. 인생의 중요한 선택은 결국 나의 노력과 땀에서 비롯된다는 것을 잊지 말아야 한다.

🔍 어휘 톡톡

- **가판대** 신문, 잡지, 책, 음료수, 간식 등 다양한 물건을 판매하는 작은 상점이나 노점
- **인생 역전** 어려운 상황이나 평범한 삶을 살던 사람이 갑자기 큰 변화나 기회를 통해 인생이 완전히 달라지는 것

 《길모퉁이 행운 돼지》는 어떤 책일까?

진달래 마을에 생긴 '행운 돼지'는 어떤 가게인가요?

행운 돼지에서 행운의 물건을 얻은 사람들은 어떻게 되었나요?

기사를 읽은 후에 알게 된 것은?

사람들이 복권을 사는 이유는 무엇인가요?

복권에 지나치게 의지하는 것은 왜 위험할까요?

 **책과 기사를 읽은 후 하고 싶은 말**

만약 모든 일이 노력 대신 운에 의해 결정된다면, 사람들은 어떻게 행동할까요?
상상해서 써 보세요.

 **내 안의 생각 끌어내기**

행운 돼지 가게의 물건이나 복권 같은 '우연히 얻는 행운' 말고,
스스로 노력해서 만든 '진짜 행운'에는 어떤 것들이 있을지 경험을 바탕으로 써 보세요.

 **라온쌤의 책 속으로**

　길을 가다가 클로버를 보면 쭈그리고 앉아 네잎클로버를 찾게 돼요. 쉽게 발견할 수 없는 네잎클로버는 행운의 상징처럼 여겨지기 때문이에요. 우리가 살면서 행운을 바라는 것은 어쩌면 삶이 너무 팍팍해서이지 않을까 생각해요. 하지만 행운에만 너무 의존하면 스스로 노력으로 얻는 일의 기쁨을 놓칠 수도 있을 거예요. 여러분은 어떤 마음과 태도로 살아가고 싶은지 곰곰이 생각해 보세요.

교과 연계 : 5학년 도덕_갈등을 해결하는 지혜   난이도 ★★☆☆☆

임대 아파트 아이와는 놀지 마!

성화는 정은 아파트에 살아요. 정은 아파트는 임대 아파트예요. 그 이웃 아파트에 사는 선표는 성화와 친해지고 싶어 해요. 하지만 선표 엄마는 성화와 놀지 말라고 하지요.

혁우 엄마 또한 마찬가지예요. 임대 아파트 아이와는 놀지 말라는 엄마 말을 들은 혁우는 대놓고 성화가 싫다고 말하기까지 해요.

선표 엄마와 혁우 엄마는 정은 아파트 아이들이 자기들 아파트를 지나 학교에 가는 것도 못마땅해해요. 그래서 매일 바삐 움직이며 방법을 고민하다가 급기야 아파트 후문에 철문을 세우지요. 거대한 철문을 열고 학교로 향하는 후문으로 나가려면, 이 아파트 주민이라는 딱지가 필요해요. 하지만 선표는 어른들이 일방적으로 정한 이런 상황이 영 못마땅합니다. 왜 정은 아파트 아이들을 차별하는지 이해할 수 없었지요.

한편 엄마 말대로 성화를 멀리하던 혁우는 과학 발명품 대회를 계기로 성화와 가까워져요. 선표는 진작부터 성화와 잘 지냈지요.

그러던 어느 날 세 아이는 딱지 놀이를 해요. 선표와 혁우에게는 있지만 성화에게는 없는 출입 딱지를 가지고 말이에요. 성화는 보기 좋게 딱지를 모두 따 버리고, 세 아이는 통쾌한 듯 웃어 버리는 것으로 이야기는 끝이 납니다.

이 마지막 장면이 의미하는 것은 무엇일까요?

절대 딱지 최은영 글, 김다정 그림 | 개암나무 | 2016

자신들이 살고 있는 아파트 안으로 임대 아파트 아이들이 지나가는 것이 싫은 부녀회 사람들, 그리고 그들의 자녀들을 둘러싼 일상 속 차별의 모습을 아이들의 시선으로 담았어요. 어른들의 차별 의식, 그리고 그 모습을 보는 아이들의 다양한 생각과 마음을 재미있게 풀어냈어요.

라온쌤 뉴스 제02호 키워드 #아파트 #소셜 믹스

아파트 안에 생긴 '보이지 않는 벽'

사는 곳에 따른 차별은 옳지 않아!

임대 아파트에 살고 있는 아이들이 차별당한다는 이야기가 다시 화제가 되고 있다. 한 아이가 학교에서 다른 학생들에게 '임대 아파트에 사는 애'라는 이유로 따돌림을 당했다는 것이다. 일부 아이들은 친구들로부터 너희 집은 다른 사람들과 달리 가난하다는 말을 듣기도 했다. 이러한 차별은 어제오늘 일이 아니다. 이런 사건들은 가정 환경과 주거지에 따라 불평등이 발생하는 우리 현실을 여실히 보여 준다.

정부는 이런 문제를 해결하기 위해 '소셜 믹스' 아파트를 짓고 있다. 즉, 임대 아파트와 일반 분양 아파트를 섞어서 다양한 계층의 사람들이 함께 살도록 하는 정책이다. 하지만 그 안에서도 보이지 않는 차별이 생기고 있다. 일반 아파트 사람들이 두 아파트 사이에 벽을 설치해 임대 아파트 사람들과 서로 마주치지 않으려고 하는 것이다. 임대 아파트는 알아볼 수 있도록 외벽 색을 다르게 칠해 달라는 요구도 있었다고 한다. 심지어 출입문을 다르게 하자는 의견도 있다.

이런 현상에 대해 사람들의 반응은 엇갈린다. 차라리 따로 짓는 것이 눈에 보이는 차별을 없앨 것이라는 의견과, 그럴수록 소셜 믹스를 통해 어울려 살아야 한다는 의견으로 나뉜다. 가정 형편과 상관없이 더불어 살아가는 것을 아이들 또한 배워야 한다는 것이다.

임대 아파트에 대한 차별은 단순히 주거지의 문제가 아닌, 사람들의 인식 속에 깊이 뿌리내린 사회적 문제이다. 이에 대한 해결책은 더 이상 표면적인 정책 변화에 그쳐서는 안 될 것이다.

🔍 **어휘 톡톡**
- **임대 아파트** 국가나 민간 업체 등에서 일정 기간 동안 저렴한 금액으로 빌려주는 아파트
- **소셜 믹스** 임대 아파트와 일반 아파트를 섞어 짓는 일

《절대 딱지》는 어떤 책일까?

선표와 혁우 엄마가 성화와 놀지 말라고 하는 이유는 무엇인가요?

철문을 통과할 수 있는 아파트 출입증 딱지로 아이들은 무엇을 했나요?

기사를 읽은 후에 알게 된 것은?

소셜 믹스 아파트를 짓는 이유는 무엇인가요?

임대 아파트와 일반 아파트를 따로 짓자고 주장하는 까닭은 무엇인가요?

 책과 기사를 읽은 후 하고 싶은 말

'보이지 않는 벽'이란 눈에 보이지 않지만 마음속에 자리 잡은 차별이나 편견을 말해요.
학교, 마을, 사회 속에 이런 벽이 생기지 않으려면 우리가 어떤 태도를 가져야 할지 써 보세요.

 내 안의 생각 끌어내기

여러분은 친구를 사귈 때 무엇을 가장 중요하게 생각하나요?
친구를 사귀는 나만의 기준을 생각한 후 써 보세요.

 라온쌤의 책 속으로

우리나라는 법적으로 정해진 신분은 없지만, 사는 곳과 경제력, 직업 등에 따라 보이지 않는 차별이 나타날 때가 있어요. 돈이 많거나 지위가 높은 사람이 자신보다 돈이 적거나 지위가 낮은 사람을 무시하고 함부로 대하기도 해요. 그렇다 보니 너도나도 돈을 벌고 높은 곳에 이르기 위해 앞을 향해 가지만, 그것이 과연 차별에 대처하는 적절한 방법일지 생각해 봐야 해요. 차별을 당하지 않으려고 애쓰는 것과 차별 자체를 없애기 위해 노력하는 것에 대해 말이에요.

교과 연계 : 5학년 도덕_다 같이 행복한 우리들 세상   난이도 ★★☆☆☆

할아버지, 보고 싶어요!

열세 살 영욱이는 할아버지와 한방에서 지내요. 어느 날 할아버지는 영욱에게 문자를 보내, 활명수를 세 병만 마시면 아픈 게 나을 것 같다고 해요. 하지만 영욱이는 할아버지가 걱정되어 딱 한 병만 사다 드려요.

할아버지, 그곳에서도 평안하세요!

그런데 다음 날 일어나 보니 할아버지가 곁에 없어요. 밤사이 돌아가신 거예요. 영욱이는 지난 밤 할아버지가 소변 실수를 한 팬티를 빨아 둔 후 응급실로 갔어요. 그곳에는 이미 가족들이 모여 있어요. 그런데 갑자기 가족들이 심각한 표정으로 이야기를 나누기 시작해요. 할아버지가 여자 수의를 입혀 달라고 유언하셨던 거예요. 가족들이 고민에 빠져 있을 때 예전에 헤어져 일본으로 가서 살던 할머니가 장례식장에 찾아와요. 할머니와 대화를 나눈 가족들은 결국 할아버지에게 여자 수의를 입혀 드리기로 합니다.

영욱이는 장례식장에 있는 동안 할아버지의 죽음을 별로 슬퍼하지 않는 듯한 큰고모부, 할아버지를 원망하면서도 마음 아파하는 아빠 등 어른들의 여러 모습을 보았어요. 그리고 어른들이 자신처럼 마냥 슬퍼하지만은 않는 것이 낯설기도 해요. 영욱이는 어른들 반대가 있었지만, 마지막으로 할아버지 얼굴을 볼 수 있었어요. 할아버지 얼굴에서 쪽배가 보여요. 쪽배를 보며 영욱이는 할아버지가 좋은 곳으로 떠나셨을 거라 믿었답니다.

마지막 이벤트 유은실 글, 강경수 그림 | 비룡소 | 2015

다소 무거울 수 있는 죽음과 장례식에 대한 이야기를 가슴 찡한 감동과 유머를 담아 풀어냈어요. 열세 살 주인공 소년 영욱이가 한 집에 살던 할아버지의 장례식 과정을 겪으며 죽음에 대해 알아가고 성장하는 이야기예요.

라온쌤 뉴스 제 03호   키워드 #독거노인 #노인복지

사회적 관심이 필요한 독거노인의 삶

최근 **독거노인** 문제가 우리 사회의 중요한 이슈로 떠오르고 있다. 통계에 따르면, 1인 가구 중 독거노인의 비율이 빠르게 증가하고 있으며, 특히 자녀와 동거하는 가구는 점차 줄어드는 추세이다.

이러한 변화는 노인이 혼자 살아갈 때 겪는 다양한 어려움을 더욱 **부각**시키고 있다. 독거노인은 신체적, 정신적으로 어려움이 있는 상태에서 여러 문제를 마주하게 된다. 경제적인 이유로 끼니를 잘 해결하지 못하거나, 병원을 혼자 가지 못해 건강을 제대로 돌보지 못하는 경우도 있다. 또 오랜 시간 홀로 지내다 보니 이야기를 나눌 사람이 없어 우울감이나 외로움에 시달리는 등 정신적인 고통을 겪기도 한다. 특히 연락하는 사람이 없어서 세상을 떠난 후에도 오랜 시간 동안 발견되지 못하는 안타까운 사례가 종종 발생한다.

이와 같은 문제를 해결하기 위해 정부는 독거노인들을 위한 종합적인 지원 대책을 마련하고 있다. 만65세 이상의 노인을 돌보는 '노인 돌봄 서비스'를 확대하고, 혼자 사는 노인의 집에 응급 상황이 생겼을 때는 즉각적으로 구조할 수 있도록 응급 안전 서비스를 제공하는 등 다방면으로 지원한다.

독거노인의 안전하고 편안한 삶을 위해서는 정부의 노력도 중요하지만 지역 사회와 개인의 적극적인 관심도 필요하다. 이웃에 조금만 관심을 두어도 혼자 사는 노인들이 세상을 떠나고 한참 후에 발견되는 일은 줄어들 것이다. 우리는 누구나 노인이 된다는 것을 잊지 말아야 한다.

누가 좀 찾아왔으면 좋겠는데….

어휘 톡톡

- **독거노인** 홀로 사는 노인
- **부각** 사물의 특징을 두드러지게 나타내는 것

《마지막 이벤트》는 어떤 책일까?

영욱이가 할아버지에게 활명수를 한 병만 사다 드린 이유는 무엇인가요?

할아버지의 유언은 무엇이었나요?

기사를 읽은 후에 알게 된 것은?

우리 사회의 독거노인은 어떤 어려움을 겪고 있나요?

독거노인 문제를 해결하기 위해 정부는 어떤 방안을 추진하고 있나요?

 **책과 기사를 읽은 후 하고 싶은 말**

고령화 사회가 되어가는 지금, 노인 인구는 앞으로 점점 많아질 거예요.
독거노인을 위해 앞으로 꼭 필요한 정책은 무엇인지 써 보세요.

 **내 안의 생각 끌어내기**

사람은 누구나 언젠가는 사랑하는 사람을 떠나보내는 시기가 와요. 만약 사랑하는 누군가를 떠나보내야 한다면, 여러분은 그 사람에게 어떤 말이나 마음을 전하고 싶은지 써 보세요.

 **라온쌤의 책 속으로**

　이 책의 이야기는 우리 현실을 그대로 보여주는 듯해요. 일명 '뽀샵'이 된 할아버지 영정 사진을 보고 웃고 마는 영욱이의 고모부, 할아버지에게 상처가 있는 영욱이 아빠의 데면데면한 태도 등 죽음을 대하는 어른들의 다양한 모습을 볼 수 있어요. 이 책을 통해 죽음을 두려워하기보다 어떻게 맞이하고 배웅할지 생각해 보는 기회가 되길 바라요.

교과 연계 : 4학년 도덕_힘과 마음을 모아서   난이도 ★☆☆☆☆

새로운 단어를 만들어 볼까?

오늘부터 볼펜을 '프린들'로 불러요!

닉이라는 소년은 호기심이 많고 장난기도 있는 친구예요. 어느 날 국어 수업 시간에 선생님은 '단어는 우리가 만드는 것'이라고 말해요. 이 말을 들은 닉은 갑자기 좋은 생각이 떠올라요. 볼펜을 '프린들'이라고 부르면 어떻게 될까 궁금했던 거예요.

닉은 볼펜을 '프린들'이라고 부르기 시작해요. 친구들에게도 그렇게 부르게 하고, 학교에서뿐만 아니라 밖에서도 사용하게 하지요. 이 사실을 알게 된 그레인저 선생님은 화를 냅니다. 결국 학교에서는 '프린들'이라는 단어를 사용하지 말라고 해요. 게다가 닉의 집까지 찾아가 닉이 벌인 일에 대해 알리지요. 선생님의 말씀에 우물쭈물하는 아빠와 달리 엄마는 아이들의 놀이일 뿐이라며 대수롭지 않게 반응해요.

이런 소동은 결국 어느 기자에 의해 널리 퍼지게 돼요. 기사를 본 중고등학생들이 흥미를 느끼며 이 일에 동참합니다. 모두 볼펜을 '프린들'이라고 부르기 시작한 거예요. 꽤 길었던 소동으로 인해 마침내 이 단어는 국어사전에까지 오르게 돼요. 모두가 사용하는 단어임을 인정받은 것이지요.

어른이 된 닉은 새로운 단어인 '프린들'과 관련해 상표권 등록을 해서 큰 부자가 돼요. 그리고 마지막에 닉의 언어 실험을 방해했던 그레인저 선생님이 이 모든 과정을 흥미롭게 보았다는 사실을 알게 돼요. 일부러 악역을 담당하며 실험을 도와준 것이었답니다.

프린들 주세요 앤드루 클레먼츠 글, 햇살과나무꾼 옮김, 양혜원 그림 | 사계절 | 2001

새로운 단어를 만들고자 언어 실험을 시작한 닉과 이를 반대하는 학교와 선생님 사이의 유쾌한 소동을 그린 이야기예요. 한 학생이 만든 새로운 단어가 국어사전에 오르기까지의 과정과 학생의 성장을 응원하는 참된 선생님의 모습을 담고 있어요.

라온쌤 뉴스 제04호　　　　　　　　　　　　　　키워드 #신조어 #세대 단절

하루가 멀다고 생기는 초등 신조어

　초등학생이 사용하는 신조어가 날로 발전하고 있다. 신조어는 새로 만들어진 단어 및 용어 가운데 사전에 올라가 있지 않은 말로 '노잼, 핵노답, 꿀잼, 플렉스, 느좋' 같은 단어가 있다. 대체로 말을 줄이거나 외래어를 조합하는 식으로 만들어진 경우가 많다.

　이런 신조어는 소셜 미디어나 또래 친구들 사이의 대화를 통해 빠르게 퍼진다. 누군가가 사용하기 시작하면 너도나도 사용하는 것이다. 신조어를 사용하지 않으면 오히려 유행에 뒤처지는 기분이 든다고 말하는 아이들도 있다. 또는 단순히 신조어가 재미있어서, 말을 줄여 사용하는 게 편리해서 사용하는 경우도 많다.

　신조어의 탄생은 과거부터 늘 있었던 현상이다. 세대별로 다른 신조어가 만들어지고 사용되었다. 같은 세대가 같은 신조어를 쓰니 소통 수단이 되기도 하지만, 한편으로는 세대 간 단절을 일으키는 원인이 되기도 한다. 아이들이 사용하는 말을 어른들이 이해하지 못하니 소통이 안 되는 것은 당연하다. 이런 현상에 대해 사람들은 각기 다른 반응을 보인다. 신조어 발생은 자연스러운 현상이라는 것과 없는 말을 만들어 사용하는 것은 아이들의 언어생활에 문제를 일으킨다는 시선이다.

　하지만 신조어 탄생은 막을 수는 없는 현상이다. 그러므로 중요한 것은 세대가 달라도 서로의 말을 이해하려는 꾸준한 노력일 것이다.

어휘 톡톡

- **외래어** 외국에서 들어와 국어처럼 쓰이는 말
- **소셜 미디어** 사람들이 온라인에서 정보를 공유하고 소통하는 플랫폼

《프린들 주세요》는 어떤 책일까?

닉이 시작한 새로운 언어 실험에 대해서 간단히 써 보세요.

닉의 언어 실험은 어떤 결과를 이루었나요?

기사를 읽은 후에 알게 된 것은?

초등학생들이 신조어를 사용하는 이유는 무엇인가요?

신조어를 사용했을 때의 부정적 측면은 무엇인가요?

 책과 기사를 읽은 후 하고 싶은 말

여러분이 직접 신조어를 만들어서 국어사전에 올릴 수 있다면 어떤 단어를 만들고 싶나요? 그 이유도 함께 써 보세요.

 내 안의 생각 끌어내기

요즘 친구들 사이에서 많이 사용하는 신조어는 무엇인가요?
신조어를 썼을 때의 좋은 점과 나쁜 점에 대해서 써 보세요.

언어는 사회적 약속에 따라 새롭게 생겨나기도 하고 변화하기도 해요. 때로는 사라져 버리기도 한답니다. 닉이 만들어 낸 '프린들'이라는 단어가 널리 쓰여 결국 사전에까지 오른 것처럼 말이에요. 이처럼 끊임없이 창조되는 언어의 성질을 생각해 보면, 새로운 단어는 계속해서 생겨날 거예요. 하지만 새로운 단어를 만들고 사용할 때는 늘 신중하게 생각하고 고민해야 해요. 언어는 소통 수단이라는 것을 잊지 말아야 해요.

가상 세계 탈출을 위한 마지막 레벨 업!

선우는 홀로 다니는 외톨이예요. 얼마 전에는 범호 패거리에게 돈을 빼앗기기도 했어요. 매일이 우울한 선우에게 유일한 낙은 바로 '판타지아'라는 VR 가상 게임을 하는 것이에요. 판타지아라는 게임 속 세상에 들어가면 모든 것을 잊고 그 아름다운 세상에서 신나게 놀 수 있기에, 선우는 시간만 나면 게임 속으로 들어가요.

그러던 어느 날 선우는 판타지아에서 원지라는 아이를 만납니다. 둘은 판타지아 안을 신나게 모험하며 자유롭게 지내요. 그 안에서만큼은 근심 걱정이 사라지는 기분을 느끼며 선우는 점점 더 게임에 빠져들어요.

그러던 어느 날 선우는 원지가 그 안에 갇혀 사는 아이라는 사실을 알게 돼요. 원지는 교통사고를 당했고, 원지의 뇌만 연결되어 가상 세계 안에 머무르는 거였어요. 이 일을 벌인 사람은 바로 원지의 아빠이자 판타지아의 대표예요. 사고로 아내와 딸을 잃은 충격으로 이런 일을 꾸민 것이었지요.

판타지아의 대표는 선우도 가상 세계 안에서 살게 하려는 계획을 세우고 있었어요. 원지에게 영원한 친구를 만들어 주고 싶었던 것이에요. 이를 알게 된 원지는 온 힘을 다해 막으려고 해요. 그리고 결국 그곳에서 벗어나기 위해 선우와 함께 마지막 레벨 업을 한답니다.

판타지아에서는 원하는 걸 다 할 수 있어!

마지막 레벨 업 윤영주 글, 안성호 그림 | 창비 | 2021

'판타지아'라는 가상 게임 세계 안에서 함께 성장하는 원지와 선우의 이야기예요. 환상적인 가상 세계 안에서 둘은 신나게 놀며 우정을 쌓아가지요. 그러나 이 행복은 영원히 이어지지 않아요. 게임 속 세상을 둘러싸고 벌어지는 일을 통해 철학적인 질문을 던지는 SF 동화예요.

라온쌤 뉴스 제 05호   키워드 #VR #AR

생활 속 깊숙이 들어온 가상 세계

최근 가상 현실(VR)을 활용한 몰입형 게임이 속속 출시되고 있다. VR 헤드셋을 착용하면 사용자는 가상 세계에 완전히 몰입해 현실감 넘치는 게임을 즐길 수 있다. VR을 활용한 게임은 이제 단순한 오락을 넘어, 사용자가 직접 가상 세계에서 활동하는 느낌을 줄 정도로 발전했다.

가상 현실은 게임뿐만 아니라 교육, 의료, 비즈니스 등 다양한 분야에서 혁신적인 변화를 이끌고 있다. 예를 들어, 교육 분야에서는 학생들이 역사적 사건을 가상으로 체험하며 보다 생생하고 몰입감 있게 학습할 수 있다. 역사 속 인물의 모습을 3D로 재현하거나, 역사적 공간에 직접 방문하기도 한다. 의료 분야에서는 가상 수술 시뮬레이션을 통해 안전하게 수술 연습을 한다.

또한, 증강 현실(AR)은 현실 세계에 가상의 정보를 덧붙여 보여 주는 기술로, '포켓몬 GO'와 같은 게임을 통해 인기를 끌기 시작했다. 게

현실과 가상의 경계가 점점 흐려지고 있어!

임 외에도 쇼핑, 광고, 교육 등 여러 분야에서 활용되고 있다.

이처럼 VR과 AR 기술은 단순한 체험을 넘어 배움과 치료, 일반적인 생활 방식을 바꾸는 새로운 도구로 자리 잡고 있다. VR과 AR은 이제 선택이 아닌, 더 나은 삶을 위한 중요한 기술이 되었다.

어휘 톡톡

- **가상 세계** 컴퓨터 기술을 활용해 만들어진 디지털 환경으로, 사용자가 다양한 활동을 할 수 있는 공간
- **혁신** 묵은 조직·풍속·습관 따위를 바꾸거나 버리고 새롭게 하는 것

《마지막 레벨 업》은 어떤 책일까?

선우가 판타지아 세계에 빠지게 된 계기는 무엇인가요?

판타지아 세상 속에 사는 원지에게는 어떤 사연이 있나요?

기사를 읽은 후에 알게 된 것은?

교육 분야에서는 가상 현실을 어떻게 활용하고 있나요?

증강 현실은 주로 무엇을 통해 알려지고 인기를 얻게 되었나요?

 책과 기사를 읽은 후 하고 싶은 말

가상 현실이 계속 발전한다면, 앞으로 우리 사회의 모습이 어떻게 바뀔지 상상해서 써 보세요.

 내 안의 생각 끌어내기

만약 여러분에게도 VR 세상에서만 살 수 있는 기회가 생긴다면, 어떤 선택을 할까요?
가상 세계에서의 삶이 현실보다 더 행복할 수 있을지 생각한 후 써 보세요.

    친구들 사이에서도, 가족 안에서도 홀로인 선우가 택한 곳은 바로 현실 세계가 아닌 가상 세계였어요. 그 안에서 선우는 마냥 행복했고 즐거웠지요. 하지만 그곳에서 영원히 살고 있는 원지는 꽃이 시드는 세상에서 배고픔을 느끼며 사는 선우가 부럽다고 말합니다. 현실 세계와 가상 세계 중 어느 곳이 진정한 자유를 누리는 곳일까요? 선우와 원지의 이야기를 통해 우리 앞에 성큼 다가온 가상 세계와 미래의 삶에 대해 깊이 있게 생각해 보세요.

교과 연계 : 6-1 도덕_내 삶의 주인은 바로 나   난이도 ★★★☆☆

진짜 나를 찾고 싶은 열두 살 마래

마래는 열두 살 소녀예요. 파워 블로거인 마래의 부모는 블로그에 육아 일기를 꼬박꼬박 쓰지요. 엄마는 마래의 이야기를 책으로까지 내면서 사람들의 호응을 얻어요. 점점 많은 사람들이 마래 부모의 육아 방식을 보며 응원을 보내요. 친구들은 그런 마래를 부러워하기도 해요.

그러나 마래는 자신의 모든 것이 공개되는 것이 싫고, 부모가 만든 이미지대로 살아야 하는 것은 더욱 싫다고 느껴요. 좋아하지 않아도 좋은 척을 해야 하고, 원하지 않아도 해야만 하는 것들에 점점 지쳐가요. 사교육 없이 알아서 공부하는 아이가 되어야 하는 것도, 숲에 다닌 덕에 좋은 성품을 가진 아이로 자라난 척하는 것도 힘에 부치기 시작해요.

마래는 이러한 마음을 친구들에게 이야기해요. 자신이 카메라 앞에서 귀여운 표정을 짓는 것을 보고 따돌림을 당했던 이야기를 털어놓지요. 그러고는 다은이의 고백도 들어요. 마래는 그것을 엄마에게 이야기했는데, 이후 블로그에 그 이야기가 올라와요. 그 일로 다은이와 갈등을 겪게 된 마래는 '리얼 마래'라는 계정을 만들어 진짜 자신의 이야기를 하기 시작해요. 마음이 상했던 다은이와도 화해해요.

마래의 부모님은 일 년 동안 캠핑을 떠나자고 했지만, 마래는 고민 끝에 이 제안을 거절해요. 그리고 한동안 큰이모네 작은 방에서 살면서 진짜 자신을 찾기로 결심한답니다.

저게 진짜 나일까?

리얼 마래
황지영 글, 안경미 그림 | 문학과지성사 | 2018

육아의 정석을 만들어 두고, 마치 프로젝트처럼 아이를 키우는 부모의 모습을 비판하는 동시에, 그 안에서도 자신을 잃지 않으려고 애쓰는 아이의 모습을 잘 그린 동화예요. SNS나 온라인 활동에서 겉으로 보이는 모습과 그 이면의 진짜 모습에 대해 많은 생각을 하게 해줘요.

라온쌤 뉴스 제06호   키워드 #교육열 #경쟁

미션이 되어 버린 한국의 양육

부모님이 짜 주신 스케줄이 너무 힘들어!

최근 한 유튜버가 교육열이 강한 어느 지역의 엄마 모습을 패러디하며 큰 화제를 모았다. 이 유튜버는 자녀를 과도하게 관리하고, 학원과 입시 중심의 로드맵을 짜는 모습을 사실적으로 재현하며 사람들의 큰 호응을 얻었다. 한국의 현실을 그대로 담았다며 많은 이가 공감했지만, 한편으로는 이 패러디가 교육열 높은 엄마의 모습을 지나치게 조롱하는 것 아니냐는 의견도 나왔다.

한국 사회에서 교육열은 어제오늘의 이야기가 아니다. 입시 중심으로 짜인 한국 교육 시스템 속에서 아이들은 초등학교도 가기 전부터 학원과 과외를 전전한다. 그러한 삶은 자신만의 꿈을 찾기보다는 부모가 설정한 목표를 향해 달려가게 한다. 아직 꿈이 뭔지도 모르는데, 방향은 이미 정해져 있는 것이다. 아이들의 삶은 점점 더 계획적이고 규격화되고 있다. 지나치게 경쟁적인 환경 속에서는 자아를 찾아가는 것조차 어려워진다.

이 문제를 해결하려면, 교육을 바라보는 사회적 시선 자체를 바꿔야 한다. 학벌과 경쟁을 피할 수 없는 게 현실이라면, 그 안에서 아이들이 자신을 잃지 않도록 균형을 잡아 줘야 한다. 누구나 비슷한 길을 가야 한다고 말하는 사회에서, 제각기 다른 속도와 방향을 가진 아이들의 다름을 존중하는 것이야말로 지금 우리가 고민해야 할 진짜 교육이다.

🔍 어휘 톡톡

- **패러디** 특정 작품의 일부, 혹은 상황의 일부를 흉내 내어 익살스럽게 표현하는 것
- **학벌** 학교 교육을 받은 정도, 또는 출신 학교의 수준이나 등급

 **《리얼 마래》는 어떤 책일까?**

마래의 부모님이 느끼는 자부심은 무엇인가요?

부모님의 양육 방식에 대해 마래는 어떤 마음을 가지고 있나요?

기사를 읽은 후에 알게 된 것은?

한국의 교육 시스템에 어떤 문제가 있나요?

한국의 교육 문제를 해결하는 방법으로 제안한 것은 무엇인가요?

 **책과 기사를 읽은 후 하고 싶은 말**

어린이에게 진짜 필요한 교육은 무엇이라고 생각하나요?
또 지금의 교육 방식에서 바뀌어야 할 점은 무엇인지 자유롭게 써 보세요.

 **내 안의 생각 끌어내기**

부모가 자녀의 삶을 SNS에 공개하는 것에 대해 어떻게 생각하나요?
만약 여러분의 부모님이 그렇게 한다면 어떤 기분이 들지 생각한 후 써 보세요.

 **라온쌤의 책 속으로**

오로지 대학 입시만을 위해 아이 일생의 로드맵을 짜고, 아이를 어떻게든 그 안에 끼워 맞추는 부모, 반대로 마래의 부모님처럼 아이에게 자유를 준다며 진보적으로 양육하는 부모. 두 개의 상황 모두 아이가 아닌 부모 중심으로 양육하는 것은 아닐까요? 양육은 어른들만의 문제라고 생각할 수 있지만, 무엇보다 중요한 것은 아이의 행복이랍니다.

교과 연계 : 6-1 도덕_작은 손길이 모여 따뜻해지는 세상　　　　　　난이도 ★★★★☆

거미와 돼지의 끈끈한 우정

　펀의 집은 작은 시골 마을의 농가예요. 어느 날 펀의 집에서 아기 돼지 윌버가 태어나요. 그런데 '무녀리(한 태에 낳은 여러 마리 새끼 가운데 가장 먼저 나온 새끼)'라며 아버지가 윌버를 죽이려고 해요. 펀은 윌버를 살리려고 삼촌 집에 데리고 갑니다. 그리고 그때부터 윌버의 화려한 삶이 펼쳐져요.

　삼촌 집에서 지내던 윌버는 너무 심심해서 한바탕 탈출 소동을 벌여요. 그런 윌버의 앞에 거미인 샬롯이 나타나 친구가 되어 주지요. 윌버는 샬롯이 파리를 잡아먹는 모습을 보고 과연 친구로서 샬롯을 좋아할 수 있을지 의문이 들었지만, 그래도 친구가 생긴 것이 기뻤어요. 그 후 둘은 서로 신뢰를 쌓아 가며 우정을 돈독히 다져요.

　어느 날 윌버는 자신이 크리스마스쯤 주커만 씨네 식탁에 오를지도 모른다는 사실을 알게 돼요. 샬롯은 윌버를 구하기 위해 거미줄로 글씨를 새기기로 해요. 샬롯의 인내와 끈기로 '대단한 돼지'라는 글자가 만들어지고, 많은 사람에게 관심을 받기 시작해요.

　그 후 윌버는 품평회에도 나가고, 샬롯 덕에 계속 인기를 얻게 돼요. 그러던 어느 날 샬롯은 알주머니만 남기고 세상을 떠나요. 윌버는 샬롯의 새끼에서 증손자에 이르기까지 세상을 향해 날아가는 것을 보며 남은 생을 보낸답니다.

샬롯의 거미줄 엘윈 브룩스 화이트 글, 가스 윌리엄즈 그림, 김화곤 옮김 | 시공주니어 | 1996

시골 한 농장에서 태어난 아기 돼지 윌버가 거미 샬롯과 친구가 되어 여러 모험을 벌이는 이야기예요. 사람들이 더럽고 징그럽다고 여기는 돼지와 거미의 값지고 빛나는 우정은 많은 독자에게 감동을 주었어요.

라온쌤 뉴스 제 07호   키워드 #은따 #왕따

점점 심해지는 '은따' 문제

서울의 한 초등학교에서 A 학생이 친구들로부터 '은밀한 따돌림'을 당한 사건이 발생했다. A 학생은 대놓고 왕따를 당하는 것은 아니었지만, 친구들이 은근히 대화를 피하거나 함께 놀지 않아 점차 소외감을 느꼈다. 특히 점심시간이나 쉬는 시간에 친구들이 A 학생을 제외하고 모여 있거나, 대화할 때 일부러 끼지 못하게 하면서 A 학생은 학교에 가는 것이 점점 힘들어졌다.

이처럼 대놓고 왕따를 하는 게 아닌 은밀한 방식의 따돌림인 '은따'가 최근 초등학교 내에 심각한 문제가 되고 있다. 은따는 겉으로 보기에는 따돌림을 당하는 것처럼 보이지 않지만, 일상에서 계속 무시당하고 소외되면서 정신적으로 큰 상처를 받을 수 있다.

고학년들에게 주로 일어나는 '은따 문제'는 점차 저학년 사이에서도 잦아지고 있다. 사실 부모가 이를 알아채고 도움을 주려고 해도 구체적인 피해 사실을 밝히기 어려워 쉽지 않다.

이에 대해 전문가들은 학교에서 왕따 문제뿐만 아니라, 은따를 예방하기 위한 교육이 필요하다고 말한다. 또 부모들에게는 자녀의 학교생활에 관심을 가지고 대화를 자주 해야 한다고 충고한다. 학교에서도 상담실 등을 적극적으로 운영해 은따 문제를 겪는 아이들이 스스럼없이 상담을 통해 문제를 알리고 해결할 수 있어야 한다.

어휘 톡톡
- **은따** 대놓고 하지 않고 소외시키며 은근히 따돌리는 현상
- **스스럼없다** 조심스럽거나 부끄러운 마음이 없음

《샬롯의 거미줄》은 어떤 책일까?

월버가 태어나자마자 버려질 뻔한 이유는 무엇인가요?

식탁 위의 고기가 될 운명에 처한 월버를 위해 샬롯이 한 일은 무엇인가요?

기사를 읽은 후에 알게 된 것은?

'은따'란 무엇인가요?

따돌림을 예방하고 해결하기 위해 학교에서 해야 할 일로 제안한 것은 무엇인가요?

 책과 기사를 읽은 후 하고 싶은 말

'은따'는 겉으로는 괜찮아 보여도 마음에 큰 상처를 준다고 해요.
우리 반에서 은따를 없애기 위해서 필요한 규칙이나 약속을 정해 써 보세요.

 내 안의 생각 끌어내기

학교에서 누군가가 소외당하거나 혼자 있는 것을 보면 여러분은 어떻게 행동하나요?

 라온쌤의 책 속으로

서로 종이 다른 거미와 돼지, 두 친구의 우정이 내내 감동적인 이 책은 덮고 나면 진한 여운이 몰려온답니다. 친구를 위해 자기 몸에서 거미줄을 만들어내는 헌신적인 모습이 오래 기억에 남는 책이에요. 진정한 우정이 무엇일지 궁금한 어린이라면 꼭 읽어보면 좋겠어요.

교과 연계 : 5학년 도덕_바르고 떳떳하게   난이도 ★★★★★

양심과 도덕을 지키고자 떠난 아이

시골에서 서울로 올라온 소년 수남은 전기용품 가게에서 점원으로 일해요. 낮에는 일을 하고, 밤에는 공부하며 열심히 살고 있어요. 이런 수남을 가게 주인도 예뻐해요.

떨어진 간판에 이마를 다친 사람이 있을 정도로 바람이 심하게 불던 어느 날, 수남은 배달을 가요. 그런데 잠시 세워둔 자전거가 바람에 쓰러지면서 비싼 자동차에 흠집을 내고 말지요.

어느새 나타난 자동차 주인은 수남의 자전거를 묶어 두고는 차 수리비를 물어내라고 윽박지릅니다. 하지만 수남에게는 그럴 돈이 없어요. 어쩔 줄 몰라 하는 수남을 보고 주변 어른들은 안타까워하며 자전거를 들고 도망가라고 부추겨요. 고민하던 수남은 자전거를 들고 가게를 향해 온 힘을 다해 뛰어와요. 그러면서 묘한 쾌감도 느껴요. 그런 수남을 본 주인아저씨는 깔깔 웃으며 잘했다는 듯 칭찬합니다. 그 순간, 수남은 이상한 감정에 사로잡히며 예전 기억을 떠올려요. 양심을 저버리지 않고 살라는 아버지에 대한 기억이었어요.

결국 수남은 짐을 싸요. 누런빛의 도둑 같은 얼굴을 한 가게 주인이 아닌, 양심을 지키며 살게 도와줄 아버지가 있는 곳으로 가기 위해서 말이에요.

자동차 수리비를 물어내라고!

자전거 도둑 박완서 글, 한병호 그림 | 다림 | 1999

도시로 온 한 소년이 겪는 팍팍한 도시의 모습과 그 안에서 양심을 찾으려 애쓰는 모습을 잘 그린 이야기예요. 이 책에는 총 여섯 편의 이야기가 담겨 있는데, 표제작은 '자전거 도둑'이에요. 그 외 이야기도 우리가 현실에서 잊기 쉬운 소중한 가치를 잘 표현하고 담아냈어요.

라온쌤 뉴스 제08호 키워드 #인성 #솔선수범

"미끄러질까 봐 닦았어요"

최근 한 무인 과자 가게 주인이 자신의 SNS에 공개한 영상이 화제가 되고 있다. 초등학생으로 보이는 한 아이가 과자를 사고 계산 후 나가려던 찰나, 바닥에 떨어진 쓰레기를 치우고 가는 모습이 찍힌 것이다. 바닥에는 손님이 먹다 흘린 아이스크림이 흥건히 녹아 있었는데, 휴지를 꺼내 이를 닦는 모습이 CCTV에 고스란히 담겼다.

가게 주인은 이 모습을 보고 감동하여 SNS에 공개했고, 이를 본 사람들이 한결같은 목소리로 아이를 칭찬했다. 자기 일만 신경 쓰기도 바쁜 세상에 이렇게 남이 흘린 아이스크림까지 치우고 가는 모습이 너무 기특하다는 것이다. 어느 집 자식인지 모르지만 잘 키웠다는 칭찬도 댓글에서 심심찮게 확인할 수 있었다.

주인은 이 아이를 만나 보고 싶어 했고, 마침 가게 관리를 하러 나온 날 마주칠 수 있었다. 주인이 고맙다며 과자 하나를 선물로 준다

남이 버린 쓰레기라도 내가 치워야지!

고 하자 아이는 극구 사양했다고 한다. 그러고는 아이스크림이 녹아 있어 누군가 밟으면 미끄러져 다칠까 봐 닦았다면서 별일 아니라는 듯 쑥스러워했다고 전했다. 이 이야기는 지금도 SNS에 종종 올라오며, 양심이 사라진 시대에 귀감이 되고 있다.

🔍 어휘 톡톡

- **극구** 온갖 말을 다하여
- **귀감** 다른 사람이 본받을 수 있는 좋은 본보기

《자전거 도둑》은 어떤 책일까?

바람 부는 날 수남에게 무슨 일이 일어났나요?

수남이 다시 시골로 돌아가기로 한 이유는 무엇인가요?

기사를 읽은 후에 알게 된 것은?

무인 가게 주인이 공개한 CCTV 영상에는 어떤 모습이 찍혀 있었나요?

아이가 아이스크림을 손수 닦아낸 이유는 무엇인가요?

 **책과 기사를 읽은 후 하고 싶은 말**

결국 가게를 떠난 수남과 남이 흘린 아이스크림을 치우는 아이의 행동을 보고, 우리가 느끼는 '양심'이란 무엇인지 생각한 후 써 보세요.

 **내 안의 생각 끌어내기**

양심을 거스르거나 도덕적이지 못한 행동을 한 적이 있나요?(몰래 쓰레기 버리기, 내가 망가뜨린 것 모른 체 하기 등) 그때의 자기 행동을 돌아보며 왜 그런 선택을 했는지, 다시 그런 상황이 온다면 어떻게 행동할 것인지 생각한 후 써 보세요.

 **라온쌤의 책 속으로**

고급 자동차 주인이 수남에게 요구한 돈은 어쩌면 과할 수 있어요. 그런데도 수남은 물어 주지 않고 자전거를 들고 온 자신의 행동에 양심의 가책을 느끼지요. 이 책의 제목이 '자전거 도둑'인 것은 결국 수남의 행동이 정당화될 수 없음을 뜻하기도 해요. 책을 읽은 후 양심과 도덕을 지키는 일이 왜 중요한가에 대해서 곰곰이 생각해 보세요.

"복권에 당첨되는 게 행운일까?"

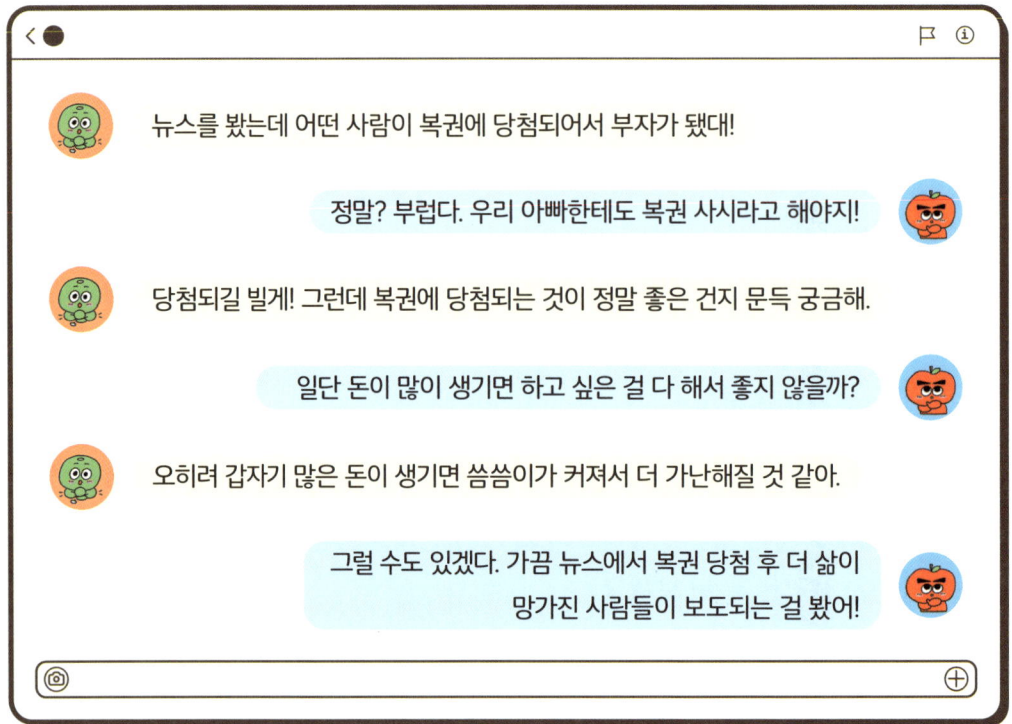

 복권을 주기적으로 사는 사람들이 있어요. 당첨을 바라기도 하고, 발표되는 날을 기다리며 설레기도 해요. 만약 정말로 복권에 당첨이 되어 큰돈이 들어온다면 그건 행복일까요, 아니면 불행의 시작일까요?

"내가 가장 행복해지는 순간은 언제일까?"

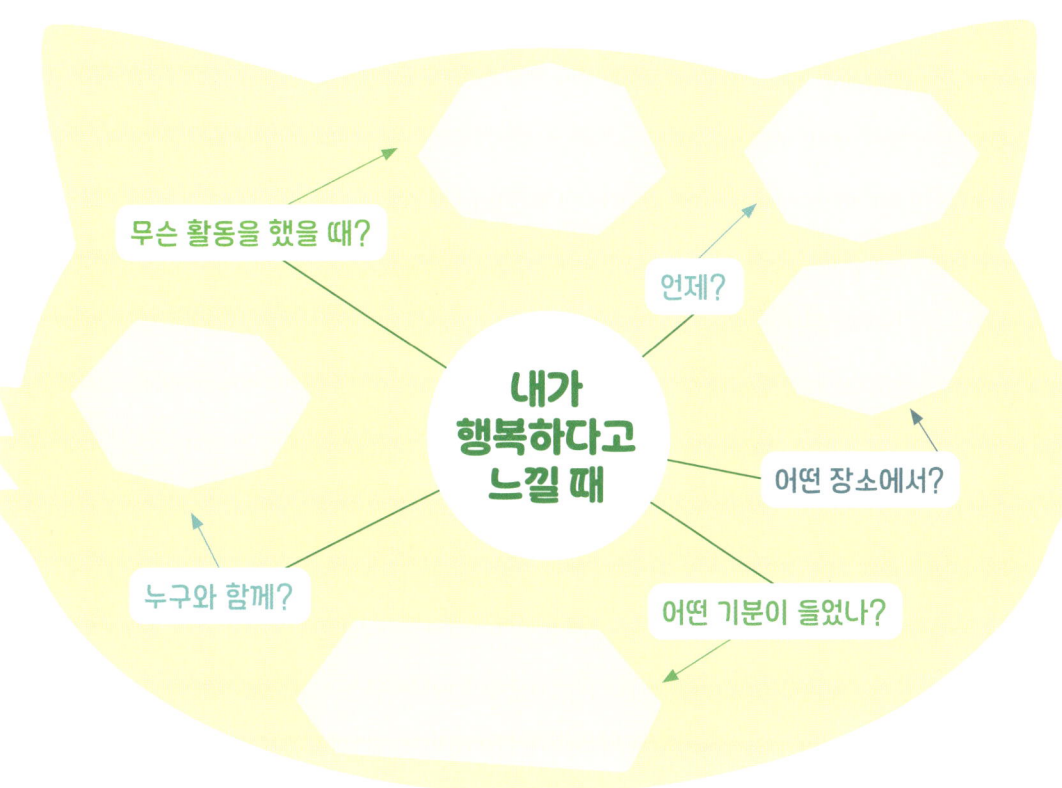

 내가 진짜 행복을 느끼는 순간은 언제인가요?
마인드맵을 참고해 가장 소중한 경험을 바탕으로 짧은 글을 써 보세요.

2장

한국사

Book & News

역사책은 왜 읽어야 할까요?

과거를 통해 현재와 미래를 조망하다

역사는 단순히 지나간 사건의 기록이 아니라 인류가 걸어온 발자취이자 우리가 살아가는 이 세상을 만든 과정을 보여 줘요. 국가의 흥망성쇠(흥하고 망하며, 성하고 쇠하는 것), 사회의 변화와 발전, 과학 기술의 발전 과정, 예술과 문화의 흐름 그리고 평범한 사람들의 삶 이야기까지, 시간의 흐름 속에서 일어났던 수많은 사건과 사람들의 이야기가 역사 속에 고스란히 담겨 있어요.

역사를 읽다 보면 우리 조상들의 영광, 좌절, 실패, 성공을 알게 되는데, 이를 보며 우리가 사는 현재를 이해하고 미래를 예측해 볼 수 있어요. 또 미리 대비할 수도 있지요. 역사는 객관적인 사실을 기록했지만, 보는 사람에 따라 해석이 다를 수 있어요. 여러분도 역사책을 읽으면 더욱 폭넓고 깊이 있는 사고를 할 수 있게 될 거예요.

역사를 왜 알아야 할까요?

역사를 살펴보는 것은 현재 우리가 살고 있는 이 세상이 만들어진 과정을 알아가는 여행과도 같아요. 과거에 있었던 사건을 통해 현재의 사회 구조, 문화, 제도 등이 만들어진 과정을 이해할 수 있어요. 지금 우리가 당연히 누리는 것들이 결코 우연히 만들어지지 않았다는 것도 알 수 있지요.

또 역사는 과거의 잘못을 반복하지 않고 더 나은 미래를 만들어 갈 수 있는 배움을 얻게 해요. 인간이 모여 사는 이 세계는 참 다양하고도 복잡하여 갈등이 끊이지 않아요. 이러한 문제에 대한 해결책을 찾고 더 나은 방향으로 나아갈 힘을 얻을 수 있지요. 역사 속 인물들의 업적이나 판단을 통해 용기와 지혜를 배우기도 한답니다.

어떤 점에 중점을 두어 읽어야 할까요?

단순히 연도나 사건의 순서를 암기하는 것에 중점을 두지 말고, 그 사건이 왜 일어났는지, 당시 사람들은 어떤 생각을 하고 어떤 어려움에 처했는지 상상하며 읽어 보세요. 그 사건으로 인해 상황이 어떻게 달라졌는지도요.

또한 역사 속 인물들의 입장에서 그들의 선택과 행동을 이해하려고 노력하는 것도 중요해요. 왜 그런 선택을 했는지 생각하다 보면 여러분이 마치 책 속으로 들어간 것처럼 진지하게 고민하게 될 수도 있어요.

과거의 사건이 지금 우리 생활에 어떤 영향을 미치고 있는지 생각하는 것도 중요해요. 과거 이야기가 그저 먼 옛이야기가 아니라, 현재 우리 생활과 밀접하다는 것을 깨닫는 순간, 역사는 더욱 의미 있는 읽을거리가 될 거예요.

이런 질문을 해 봐요

그 사건은 왜 일어났을까?
왜 나라끼리 전쟁을 했을까?
어떤 인물은 왜 저항했을까?
과거의 실수를 왜 반복했을까?
왜 어떤 사람은 기록에 남고, 어떤 사람은 안 남았을까?
그 시대 사람들은 왜 그런 생각을 했을까?
역사를 배우는 게 왜 중요할까?
이 사건은 왜 교과서에 실렸을까?
어떤 사건은 왜 영웅을 만들었을까?
나라가 망한 이유는 무엇일까?
독립운동가들은 왜 목숨을 걸었을까?
이 사건이 지금 우리 삶에 어떤 영향을 주고 있을까?
우리는 왜 그날을 기념할까?
과거로 돌아간다면 나는 어떤 선택을 할까?

한국사 하루 한 장 초등 필독서

교과 연계 : 5-2 사회_옛 사람들의 삶과 문화   난이도 ★★☆☆

흥수와 함께하는 구석기 모험

구석기 시대에 온 걸 환영해!

욱이네 학교에서 가까운 산으로 소풍을 갔어요. 그곳에는 한 동굴이 있었어요. 아이들은 동굴이 무섭게 느껴져 선뜻 들어가려 하지 않았어요. 그때 욱이가 용기를 내어 동굴로 들어갔어요. 동굴 안에는 해골이 있었고, 욱이는 잔뜩 긴장하기 시작했어요.

동굴 깊숙한 곳으로 들어간 욱이는 어느새 구석기 시대로 가 있었어요. 그곳에서 '흥수'라는 아이를 만났지요.

처음 보는 모습들로 가득한 그곳은 정말 신기했어요. 여자들이 모여 동물 가죽을 매만지고 있기도 하고, 흥수 엄마는 다친 욱이 다리에 풀을 짓이겨 바르고 가죽으로 묶어 주기도 했어요. 흥수 아빠는 사슴고기를 구워 주었지만, 욱이가 먹긴 쉽지 않았지요.

구석기 사람들은 사냥과 채집으로 음식을 얻어 집 안에 모아 두곤 했어요. 그러던 어느 날, 멀리서 쿵쿵 울리는 소리에 모두 긴장했어요. 거대한 코끼리가 마을 쪽으로 다가오고 있었거든요. 마을 사람들은 코끼리를 쫓아내기로 결심하고, 돌로 만든 날카로운 찌르개 같은 무기를 준비했어요. 사람들은 숨을 죽인 채 사냥 준비를 마쳤어요. 그런데 이 코끼리는 알고 보니, 엄마를 잃은 슬픔과 분노에 휩싸여 사람들을 향해 온 것이었어요.

흥수는 마침내 코끼리와 정면으로 맞서기로 결심했어요. 그런데 가는 길에 뜻밖에도 쌍코뿔소를 마주치게 돼요. 이후 욱이와 흥수에게는 어떤 일들이 일어날까요?

구석기 시대 흥수 아이 권기경 글, 윤정주 그림 | 한솔수북 | 2006

현대를 사는 아이 욱이가 구석기 시대에 사는 아이인 흥수와 만나 펼치는 흥미진진한 이야기예요. 구석기 시대의 여러 생활 모습과 특징, 생존 방식은 물론, 책의 제목인 '흥수 아이'에 대해서도 알 수 있어요.

라온쌤 뉴스 제 09호   키워드 #흥수 아이 #구석기 시대

흥수 아이, 논란의 진실은 무엇인가?

1982년 충북 청원군 두루봉 동굴에서 한국 구석기 시대를 대표하는 유적인 '흥수 아이'가 발견되었다. 흥수 아이라는 이름은 유골을 발견한 김흥수 씨의 이름을 딴 것이다. 그는 사업차 충북 청원군 광산을 돌아다니다가 1982년 우연히 아이의 두개골을 발견했는데, 이 뼈는 약 4만 년 전 구석기 시대 4~6세의 어린아이의 것으로 발표되었다. 하지만 이후 흥수 아이가 구석기 시대의 유적이 아니라는 주장과 함께 그에 따른 논란이 계속되고 있다.

프랑스 국립과학원 소속 앙리 드 롬리 교수는 흥수 아이 시료를 탄소연대측정법으로 측정한 결과, 기원후 17~19세기라는 결과를 얻었다고 주장한다. 그는 흥수 아이의 연대가 훨씬 더 이후라는 내용의 주장을 했고, 뼈와 함께 유물이 출토되지 않았다는 점도 지적했다.

미국 리버사이드 캘리포니아 대학 이상희 교수는 흥수 아이의 치아에서 충치가 발견된다는 점을 근거로 역시 구석기 시대의 아이가 아니라고 주장한다. 그는 갈아 만든 음식이나 곡식을 먹는 신석기 시대에는 충치가 흔하지만, 구석기 시대에는 보기 힘들다고 설명한다.

> 내가 살았던 시기를 정확히 밝혀 주세요!

어휘 톡톡

- **유골** 죽은 사람을 화장하고 남은 뼈
- **시료** 시험이나 검사, 분석 등에 쓰는 재료
- **연대** 지나간 시간을 일정한 햇수로 나눈 것

 **《구석기 시대 흥수 아이》는 어떤 책일까?**

욱이가 본 구석기인들의 생활 모습을 한두 가지만 써 보세요.

사람들이 돌로 무기를 만든 이유는 무엇인가요?

기사를 읽은 후에 알게 된 것은?

흥수 아이라는 이름은 어떻게 지어진 것인가요?

이상희 교수는 어떤 근거로 흥수 아이가 구석기 시대의 유적이 아니라고 주장하나요?

 **책과 기사를 읽은 후 하고 싶은 말**

우리가 아는 역사가 모두 진실이라고 할 수는 없어요. 기록하는 사람에 따라 역사적 사건이나 유물에 대한 해석이 다를 수 있지요. 우리는 역사를 대할 때 어떤 태도를 가져야 할까요?

 **내 안의 생각 끌어내기**

내가 '맞다'라고 철썩같이 믿었는데, 그게 아니라고 밝혀진 일이 있나요?
비슷한 경험이 있다면, 그 경험을 통해 무엇을 느끼고 배웠는지 써 보세요.

 **라온쌤의 책 속으로**

이 책은 한 아이가 동굴로 들어가 구석기 시대를 체험한다는 설정 자체만으로도 참 재밌어요. 욱이를 따라 흥수에게 생긴 일을 보다 보면, 어느새 구석기 시대에 들어와 있는 듯한 느낌이 들어요. 이 책을 시작으로 관련 시리즈를 모두 읽어 보고, 관련 자료를 찾아보거나 박물관에 방문해 보면 역사를 이해하는 데 많은 도움이 될 거예요.

선사 시대를 보여 주는 반구대 암각화

고래잡이하는 생생한 모습을 엿볼 수 있어!

　날카로운 도구를 사용해 바위에 새긴 그림을 '암각화'라고 해요. 우리나라에서 처음 발견된 암각화는 '천전리 암각화'예요. 그 후 역사를 연구하는 사람들이 울산의 반구대에 그려진 암각화를 발견했어요. 이 바위에는 고래잡이를 하는 모습이 새겨져 있었답니다. 그 모습으로 미루어 보아 선사 시대 사람들이 배를 타고 고래를 잡았다는 사실을 알 수 있었어요.

　자세히 보면 암각화에는 다양한 내용이 그려져 있어요. 배를 탄 상태로 고래를 사냥하는 모습, 고래를 잡을 때 사용한 작살이나 부구 같은 물건들, 고래를 잡기 위해 각자 역할을 하는 사람들의 모습, 고래뿐만 아니라 거북이, 호랑이, 너구리, 노루 등 무려 50마리가 넘는 다양한 동물들의 모습도 볼 수 있지요. 즉, 반구대 암각화는 선사 시대의 생활 모습과 사냥 문화를 생생하게 보여 주는 유물이에요. 이런 고래잡이 그림은 세계적으로 드물어요.

　이 암각화가 언제 새겨졌는지는 자세히는 모르지만, 고고학자들은 암각화에 그려진 것들을 바탕으로 선사 시대라고 짐작하고 있어요. 특히 신석기 시대에 채집한 조개무지를 통해 신석기라고 특정할 수 있지요. 암각화는 옛날 사람들이 그린 그림일기 같은 것으로, 더욱이 반구대 암각화는 그 당시 생활을 알려 주는 중요한 우리 유산이랍니다.

반구대 암각화 이야기 이상목 글, 이은미 그림 | 리젬 | 2011

재미있는 상상을 바탕으로 꾸민 이야기를 통해 반구대 암각화의 발견부터 암각화에 새겨진 그림들, 그 그림을 통해 짐작할 수 있는 선사 시대 사람들의 모습을 알려 줘요. 암각화에 그려진 그림을 하나하나 살펴보는 재미가 있어요.

라온쌤 뉴스 제10호　　　　　키워드 #반구대 암각화 #유네스코 세계문화유산

반구천 암각화, 유네스코 세계 유산 되다!

2025년 7월 12일, 프랑스 파리에서 열린 제47차 세계유산위원회에서 우리나라의 '반구천의 암각화(Petroglyphs along the Bangucheon Stream)'를 세계 유산 목록에 **등재**하기로 최종 결정했다고 발표했다. 우리나라의 유산이 유네스코 세계 유산으로 등재된 것은 이로써 17번째이다.

반구천 암각화는 한반도 선사 문화의 최고점으로 평가받는 유산으로, **국보**인 '울주 대곡리 반구대 암각화'와 '울주 천전리 명문과 암각화'를 함께 이르는 말이다. 바위에 새겨진 고래를 잡는 과정이 세계적으로 드물게 잘 묘사되어 있어서, 이 가치를 인정받고 있다.

암각화는 '바위에 새겨진 그림'이라는 뜻으로 옛사람들이 자신들의 사냥 모습을 바위에 새긴 것이다. 다양한 동물과 사냥 모습이 자세히 그려져 있어 당시 사람들이 어떻게 살았는지 알 수 있는 귀중한 문화유산이다. 울산에 있는 반구대 암각화를 처음 발견한 한국미술사연구소장은 나라로부터 훈장을 받았다.

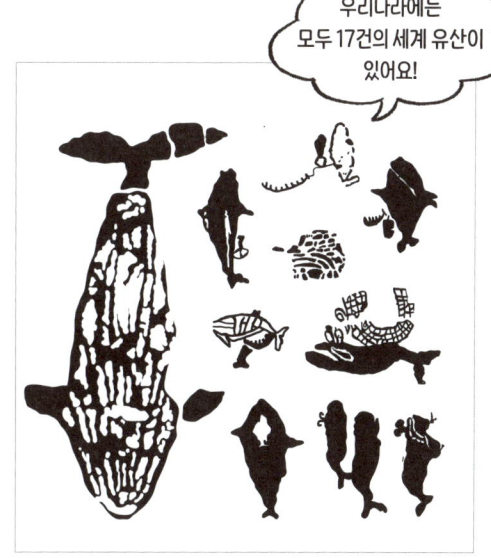

우리나라에는 모두 17건의 세계 유산이 있어요!

'세계 유산'이란 유네스코(UNESCO, 국제연합교육과학문화기구)에서 전 세계적으로 중요한 가치를 지닌 문화적 또는 자연적 장소를 선정해 인류 전체를 위해 보호하고, 후손에게 물려줄 가치가 있다고 판단하여 지정하는 것이다. 우리나라에서 세계 유산으로 지정된 것은 석굴암, 불국사, 해인사 장경판전, 종묘, 창덕궁, 수원 화성, 경주 역사 유적 지구 등이 있다.

어휘 톡톡

- **등재** 어떤 내용을 공식적으로 목록이나 명단에 올리는 것
- **국보** 나라가 특별히 중요하다고 정해 법으로 지키는 귀한 문화재

《반구대 암각화 이야기》는 어떤 책일까?

암각화란 무엇인가요?

반구대 암각화에는 어떤 것들이 그려져 있나요?

기사를 읽은 후에 알게 된 것은?

반구천 암각화에 포함되는 두 가지를 써 보세요.

현재 유네스코 세계 유산에 등재된 우리나라 유산을 두 가지만 써 보세요.

 **책과 기사를 읽은 후 하고 싶은 말**

반구대 암각화가 유네스코 세계 유산 등재 일주일 만에 폭우로 또다시 물에 잠겼어요.
우리의 문화유산을 지키기 위해 지역 사람들이 할 수 있는 노력 중 한 가지를 써 보세요.

 **내 안의 생각 끌어내기**

문화유산은 한 나라만의 것이 아니라, 전 세계 사람들이 함께 지켜야 할 소중한 보물이에요.
문화유산을 소중히 여기고 보호해야 하는 이유를 생각해 써 보세요.

 **라온쌤의 책 속으로**

　옛 유물을 보다 보면 우리 조상들의 위대함을 느껴요. 울산 반구대 암각화 역시 어떻게 바위에 그렇게 섬세하게 당시 모습을 새겨 두었는지 놀라울 정도예요. 이 책은 생생한 실제 사진과 재미있는 그림이 어우러져 역사를 흥미롭게 알려 줘요. 책 속 그림을 통해 선사 시대 사람들의 모습을 생생히 살펴볼 수 있지요. 당시 사람들이 그들의 생활 모습을 남기려고 한 까닭을 생각하며 읽는다면, 더 깊이 있고 알찬 독서가 될 거예요.

발해의 길에 선 열세 살 소녀

홍라는 금씨 상단의 외동딸로 열세 살이에요. 어머니와 함께 일본에 거래를 하러 가던 홍라는 거센 태풍을 만나요. 배는 산산조각 나고, 홍라는 어머니의 호위 무사 친샤와 수습 천문생 월보와 함께 동경 해안에 남겨져요. 어머니의 행방은 알 수 없었지요.

신라 소년 비녕자의 도움으로 목숨을 건진 홍라는 빨리 돌아가고 싶은 마음에, 비녕자에게 금가락지를 던져 주고는 비녕자 집에서 맡아 기르던 말을 빼앗아 타고 상경성으로 돌아와요.

그러나 돌아와도 어머니 행방은 알 수 없었고 빌린 뱃값, 사라진 물건들, 일꾼들에게 줄 품삯 등으로 인해 홍라는 곤경에 처해요. 상경성 제일 부자이자 고리 이자를 받는 섭씨 영감은 돈을 갚으라고 독촉하다 못해 금씨 상단을 넘기라고 하지요. 홍라는 어머니가 준 열쇠를 떠올리고 묘원의 지하 석실로 가서 소그드 은화를 발견해요. 그 은화를 가지고 사마르칸트로 가면 더 많은 양의 돈으로 바꿀 수 있다고 생각한 홍라는 솔빈의 소그드 인 마을로 가서 좋은 거래를 하기로 마음먹어요.

결국 홍라는 친샤와 월보와 함께 길을 떠나기로 합니다. 그러던 차에 홍라 때문에 부모를 잃었다는 비녕자가 찾아와 동행하게 되지요. 이후 홍라는 예상치 못한 일들을 연달아 겪으며 다시 발해로 돌아와요. 발해의 길을 오가며 교역을 하는 홍라는 조금씩 성장해 갑니다.

발해 무역길을 따라 거래를 하러 가야겠어!

나는 비단길로 간다
이현 글, 백대승 그림 | 푸른숲주니어 | 2012

'해동성국' 발해와 해상 무역이 활발했던 신라를 배경으로 한 동화예요. 어머니를 잃은 홍라가 갑자기 많은 빚을 떠안고 이를 해결하기 위해 교역을 하러 떠나요. 그 길은 비단길에 버금가게 번성했던 발해의 무역 길이에요. 위기와 사건을 극복하며 성장하는 주인공의 이야기를 따라가다 보면 자연스레 우리의 역사도 알게 된답니다.

필독서와 함께 읽는 뉴스

라온쌤 뉴스 제11호　　　　　　　　　키워드 #역사 왜곡 #중국

계속되는 중국의 역사 왜곡 논란

중국의 역사 왜곡, 우리가 바로잡아야 해!

중국이 '동북공정'이라는 이름으로 우리나라의 **고대** 역사를 자기들의 역사라고 주장한 지 한참이 되었으나 여전히 문제는 해결되지 않았다. 동북공정은 고구려를 비롯해 고조선, 발해 등 우리 민족의 역사를 중국의 역사에 포함하려는 시도로 2002년부터 본격적으로 추진되었다. 공식 명칭은 '동북 변경 지역의 역사와 현상에 관한 체계적인 연구'이며 줄여서 동북공정이라고 한다.

중국은 고구려가 중국 땅에 세워진 지방 정권이었다고 주장한다. 하지만 고구려는 우리 민족이 세운 독립적인 국가이며, 중국의 역사 기록에도 고구려가 중국과는 다른 **별개**의 나라였다는 기록이 있다. 이러한 역사적 증거에도 불구하고, 중국은 자신들의 주장을 계속하고 있다.

그런가 하면 최근에는 새로운 인공 지능 '딥시크'가 이러한 내용에 대해 중국 입장을 대변하는 듯한 답변을 해 논란이 되고 있다.

역사 **왜곡**은 과거의 사실을 잘못 전하는 것에 그치지 않고, 현재와 미래에도 큰 영향을 미칠 수 있다. 역사를 올바르게 아는 것은 우리 민족의 정체성을 바로 세우는 일이다. 그래서 우리는 중국의 역사 왜곡에 대해 올바르게 인식하고, 우리 역사를 지키기 위해 노력해야 한다.

🔍 어휘 톡톡

- **고대** 역사의 시대 구분에서 원시 시대와 중세의 사이를 말함(우리나라는 고조선 때부터 통일 신라 시대까지)
- **별개** 관련성이 없는 서로 다른 것
- **왜곡** 사실을 다르게 바꾸거나 틀리게 전하는 것

 《나는 비단길로 간다》는 어떤 책일까?

일본으로 가던 홍라에게 어떤 일이 일어났나요?

어린 홍라가 직접 교역을 하기 위해 나선 까닭은 무엇인가요?

기사를 읽은 후에 알게 된 것은?

'동북공정'이란 무엇인가요?

역사를 왜곡하면 안 되는 이유는 무엇인가요?

책과 기사를 읽은 후 하고 싶은 말

중국이 발해와 고구려 같은 우리 고대 국가의 역사를 자기들의 역사라고 주장하고 있어요. 이 기사를 본 후, 우리의 역사를 바로 알고 지켜야 하는 까닭에 대해 써 보세요.

내 안의 생각 끌어내기

홍라는 위험하고 먼 길을 떠나면서도 포기하지 않았고, 점점 더 강한 사람으로 성장해요. 여러분도 어려운 상황에서 용기를 내어 도전한 적이 있나요? 그때의 경험과 느낀 점을 써 보세요.

라온쌤의 책 속으로

장사는 이익을 얻기 위해 물건을 파는 일을 말해요. 그러나 그 과정에서 누군가에게 큰 피해를 입힌다면 옳은 일이라고 할 수 없지요. 어머니를 잃고 상단이 위기를 맞자 마음이 조급해진 홍라는 사람들과 자기 자신에게 여러 실수를 해요. 하지만 다행히도 잘못을 깨닫고 멋진 상인으로 다시 태어나요. 이런 홍라의 성장에 관심을 가지고 읽다 보면, 어느덧 여러분도 한층 성장해 있을 거예요.

교과 연계 : 5-2 사회_옛 사람들의 삶과 문화   난이도 ★★☆☆☆

나라를 위해 앞장선 천민들 이야기

고려에는 신분 제도가 있었는데, 크게 양인과 천인으로 나뉘었어요. 귀족, 중류층, 백성은 양인이고 노비는 천민이었지요. 당시 천민은 벌레만도 못하다는 소리를 들으며 온갖 차별을 당했어요. 게다가 사는 곳도 정해져 있었고, 이동도 자유롭지 못했지요. 주인공인 무령 역시 천민이었기에 부곡에 살았어요. 하지만 그 안에서도 자유로운 삶에 대한 희망을 품으며 활쏘기 실력을 쌓아 갔어요.

어느 날 몽골의 침입 소식에 혜령이라는 소녀가 처인성으로 와요. 혜령이는 무령의 활솜씨를 보고 대단하다고 생각하며 활쏘기를 배우기 시작해요. 마침내 몽골군이 침입하자, 처인 부곡 사람들은 너나 할 것 없이 나서서 싸워요. 솜씨 좋은 활잡이가 필요하다는 말에 혜령과 무령은 위험을 무릅쓰고 앞장서기로 해요.

몽골은 엄청난 군대를 이끌고 들어와 무섭게 공격하기 시작해요. 도무지 당할 수 없을 것만 같은 상황이 벌어졌을 때, 승려 김윤후의 지도로 백성들이 힘을 모아 결국 몽골군을 막아내요. 몽골군 총사령관인 살리타이도 전사하고 말지요. 마침내 전쟁은 고려의 승리로 끝납니다.

전쟁 후 처인 부곡은 그 공을 인정받아 처인현으로 승격돼요. 또 그렇게도 무시당하던 그곳의 천민들도 양민으로 신분이 상승되어 모두가 기뻐하며 이야기는 끝이 납니다.

내 나라는 내가 지킬 거야!

처인성의 빛나는 밤 신은영 글, 정수 그림 | 단비어린이 | 2020

고려 시대, 몽골군을 물리친 처인성 전투를 배경으로 한 이야기예요. 두 소녀를 중심으로, 처인성을 지켜내기 위한 처인 부곡 사람들의 굳은 의지와 노력을 그려냈지요. 실존 인물인 김윤후 장군의 활약에 작가의 상상력이 더해져 흥미로운 이야기가 되었어요.

라온쌤 뉴스 제12호 키워드 #영웅 #소방관

우리 곁을 묵묵히 지키는 영웅들

최근 어느 산간 지역에 대형 산불이 발생했다. 산불은 건조한 날씨로 인해 바람을 타고 삽시간에 확산되었다. 산불은 푸르른 산림을 집어삼켰고 주민들 안전을 위협했다. 소방관들은 헬기에서 쏟아지는 물줄기와 소방차 물대포를 이용해서 필사적으로 불길을 잡으려 노력했다. 산은 험하고 바람은 심해져서 쉽지 않았지만, 소방관들은 밤낮으로 사투를 벌이며 확산을 막았다. 다행히 불은 진압되었고 소방관들은 잔불 정리와 혹시 모를 재발화에 대비하며 안전 확보에 최선을 다했다.

24시간 언제 어디서든 국민을 지키기 위해 노력해요!

그런가 하면, 최근 도심 한복판에서 발생한 차량 추격전에서 한 경찰관의 기지가 빛을 발했다. 음주 운전이 의심되는 차량이 경찰의 정지 명령을 무시하고 도주하자, 경찰관은 빠르게 뒤따라갔다. 자칫 대형 사고로 이어질 수 있는 아찔한 상황에서 경찰관은 침착하게 이동 경로를 파악해 차량을 제압했고, 결국 잡을 수 있었다.

우리 곁에는 모두를 위해 일하는 사람들이 많다. 새벽부터 거리를 청소하는 환경미화원부터 우리가 밥, 채소, 과일, 생선 등을 먹을 수 있게 농산물을 키우는 농부, 고기 잡는 어부까지 모두 각자의 자리에서 최선을 다하고 있다.

앞의 두 사건으로 시민들은 새삼 우리 곁을 지키는 사람들이 있음을 알게 되었다고 말한다. 우리 사회를 지키는 것은 위대한 한 영웅이 아닌 자기 자리에서 묵묵히 일하는 평범한 사람들이라는 것을 다시 한번 일깨우는 기회가 되었다.

어휘 톡톡

- **확산** 흩어져서 널리 퍼짐
- **제압** 힘이나 기세로 눌러서 이기거나 조용하게 만드는 것
- **사투** 죽을힘을 다해 싸움

 《처인성의 빛나는 밤》은 어떤 책일까?

고려 시대에 천민은 어떤 대우를 받았나요?

몽골이 침입하자, 처인 부곡 사람들은 어떻게 했나요?

기사를 읽은 후에 알게 된 것은?

기사에 나오는 소방관과 경찰관이 한 일은 무엇인가요?

우리 사회의 영웅은 어떤 사람들인가요?

 **책과 기사를 읽은 후 하고 싶은 말**

우리 곁에는 늘 묵묵히 일하며 사회를 지키는 사람들이 있어요.
여러분이 알고 있는 우리 사회의 영웅을 소개하고 그렇게 생각한 까닭을 함께 써 보세요.

 **내 안의 생각 끌어내기**

우리 사회를 지키는 일은 누구나 할 수 있어요. 지금 여러분이 사회를 위해 할 수 있는 일에는 어떤 것이 있을까요? 또, 어른이 되어 사회를 위해 하고 싶은 일은 무엇인지 써 보세요.

 **라온쌤의 책 속으로**

두 소녀가 활쏘기를 연습하고 활잡이가 되어 전쟁에 나서는 장면은 가히 위대하다고 할 만큼 아름답게 느껴져요. 각자 자신의 위치에서 몽골군의 침략에 맞서 싸운 처인 부곡 사람들 또한 위대한 영웅이지요. 자신들의 삶의 터전을 지키기 위해 용감히 싸운 천민들이 양민이 되어 기뻐하는 모습을 보고 선생님은 크게 감동받았어요. 여러분도 그 감동을 함께 느끼길 바라요.

교과 연계 : 5-2 사회_옛 사람들의 삶과 문화   난이도 ★★★★☆

쉬운 글자를 배운 아이

장운은 청원군 초정에 사는 아이예요. 몸이 아픈 아버지와 누나 덕이와 함께 살고 있어요. 어머니는 병으로 돌아가셨지요. 장운은 가족을 살리기 위해 나무를 해요. 어느 날인가는 나무를 하러 갔다가 우연히 토끼를 발견했는데, 토끼는 놓치고 눈이 빨간 어느 할아버지를 만나요.

할아버지는 장운에게 글자를 가르쳐 줍니다. 어렵지 않은 글자였어요. 그리고 글을 익히면 쌀을 주겠다고 해요. 그렇게 장운은 글을 배우고, 바닥과 종이에 글을 쓰면서 소통하는 법을 배워요. 얼마 뒤 할아버지가 떠나고, 누이도 빚을 갚기 위해 남의집살이를 하러 떠나자 장운은 쓸쓸한 날들을 보내요. 그러다 한 석수공을 만나 석수 일을 시작하게 되지요.

장운은 주변 사람들에게 할아버지에게 배운 글자를 가르쳐 주기도 해요. 어느 날에는 누이로부터 편지를 받기도 합니다. 그러다가 장운은 절을 짓는 일에 동원되어 한양으로 가고, 그곳에서 임금님을 만나요. 그 임금님은 바로 장운에게 글을 가르쳐 준 그 할아버지였어요. 임금님은 장운에게 훌륭한 석수장이가 되라고 하지요. 그 임금이 바로 세종대왕이에요. 세종대왕은 한글을 만들고 나서 눈병이 생겨 충북 청원군 초정 약수터로 쉬러 갔는데, 이 사실을 바탕으로 지어낸 이야기가 바로 《초정리 편지》랍니다.

초정리 편지 배유안 글, 홍선주 그림 | 창비 | 2006

조선 시대 세종대왕은 한글을 만들고 난 이후 요양을 위해 충북 청원군에 있는 초정 약수터로 떠나요. 세종대왕의 한글 창제를 바탕으로 한 역사 창작 동화로, 초정에 사는 장운이라는 소년의 이야기를 통해 세종대왕이 백성을 위한 우리 글을 만든 까닭을 보여 줘요.

라온쌤 뉴스 제13호　　　　　　　　　　키워드 #이해맹 #가짜 뉴스

글은 읽지만 뜻은 모른다?
아이도 어른도 '이해맹' 시대

글자를 모르는 문맹은 현대 사회에 거의 없다. 하지만 글을 읽고도 뜻을 모르는 '이해맹'은 점점 늘고 있다. 최근 조사에 따르면 초등학생 절반 이상이 교과서 문장을 온전히 이해하지 못하는 것으로 나타났다. 문장을 소리 내어 읽을 수는 있지만, 내용의 흐름을 파악하거나 핵심을 찾는 데 어려움을 겪는다. 단순히 읽는 능력이 아니라, 이해하고 해석하는 능력이 부족하다는 뜻이다.

이 문제는 아이들만의 일이 아니다. 성인도 상황은 크게 다르지 않다. 뉴스를 제목만 보고 판단하거나, 의심 없이 글을 받아들이는 모습들이 문제가 되며 비판적 읽기 능력이 부족하다는 지적이 나온다. 온라인상에서 자극적인 정보가 진실처럼 받아들여지고, 가짜 뉴스가 퍼지는 것도 이와 관련이 있다. 우리는 단지 글을 읽는 시대를 넘어서 글을 제대로 읽고 판단해야 하는 시대를 살아가고 있다.

세종대왕이 훈민정음을 만든 이유는 백성들이 자기 생각을 말하고 억울함을 호소할 수 있도록 하기 위함이었다. 그런데 오늘날 우리는 다시금 읽고도 이해하지 못하는 새로운 벽에 부딪혔다. 이해력이 부족하면 학습은 물론 사회적 소통에서도 어려움이 생긴다.

지금 우리에게 필요한 것은 더 많이 읽는 것이 아니라, 제대로 읽고 깊이 이해하는 힘을 기르는 일이다. 문해력 교육은 어린이뿐만 아니라 어른에게도 시급하다.

🔍 어휘 톡톡

- **비판** 잘못된 점이나 부족한 점을 짚어 내어 말하는 것
- **가짜 뉴스** 사실이 아닌데 진짜처럼 보이게 만든 거짓된 뉴스

 **《초정리 편지》는 어떤 책일까?**

장운은 어떻게 눈 빨간 할아버지를 만나게 되었나요?

장운이 한양에 가서 알게 된 사실은 무엇인가요?

기사를 읽은 후에 알게 된 것은?

'이해맹'이란 무엇인가요?

글을 제대로 읽고 판단해야 하는 이유는 무엇인가요?

 **책과 기사를 읽은 후 하고 싶은 말**

가짜 뉴스가 퍼지는 이유 중 하나가 사람들의 비판적 읽기 능력이 부족하기 때문이라고 해요. 온라인에 떠도는 정보를 읽을 때 그 내용이 사실인지 확인하는 방법을 생각해 써 보세요.

 **내 안의 생각 끌어내기**

장운이처럼 글을 모르던 사람이 글을 알게 되면, 세상에 새롭게 보이는 것들이 많이 있어요. 무언가를 배우고 나서 변화를 겪은 경험이 있다면 자세히 써 보세요.

장운이가 살던 시대에는 글을 읽고 쓸 줄 모르는 사람이 많았어요. 우리글이 없어서 중국의 문자인 한자를 써야 했는데, 한자는 복잡하고 어려워 양반들만 익힐 수 있었지요. 이를 안타깝게 여긴 세종대왕은 모든 백성이 쉽게 익히고 사용할 수 있는 훈민정음 28자를 만들었어요. 감동적인 장운이의 이야기를 읽으며 한글이 생겨난 배경을 함께 이해해 보세요.

한국사 하루 한 장 초등 필독서

교과 연계 : 5-2 사회_사회의 새로운 변화와 오늘날의 우리   난이도 ★★☆☆☆

낯선 곳으로 이주당한 고려인 이야기

아빠와 떨어진 주인공 사샤는 할머니와 삼촌과 함께 어디로 가는지 모르는 503호 열차를 타고 마냥 달려가요. 의자도 없는 열차에는 많은 사람이 다닥다닥 앉아 있어요. 레나 누나는 이 기차가 짐이나 가축을 싣는 데 쓰인다고 하고, 이웃집 노가이 아주머니는 죄수들을 태우기도 한다고 말해요. 또 누군가는 이들이 일본 첩자 역할을 해서 고려에서 쫓겨나는 거라고 해요. 그러나 말도 안 되는 소리지요. 그냥 소박하게 살아가는 사람들인 걸요.

기차 안에는 소련 군인이 돌아다녀요. 뚜벅뚜벅 두리번거리며 돌아다니는 군인들의 모습은 분위기를 더 어둡게 만들어요. 게다가 잠시 열차가 멈추면 열차 안에서 죽은 사람을 기차 밖으로 내려두곤 했어요. 치료를 받으러 간다던 아픈 사람들의 행방도 알 수 없지요.

기차 안에는 계속 무거운 공기가 흘러요. 안타깝게도 어린 안톤이 세상을 떠나고, 군인은 안톤을 데려가요. 안톤의 엄마는 안톤을 돌려달라고 울부짖지만 소용없어요. 그렇게 언제 끝날지 모르는 힘든 날이 계속되고, 어느 순간 기차가 다시 멈춰요. 군인들은 기차에서 사람들을 모조리 내리게 하고는 아무런 설명도 없이 그대로 떠나 버립니다.

사람들은 어딘지 모르는 그곳에 그렇게 남겨져요. 사샤의 삼촌이 무성한 갈대밭을 보며 노래를 부르기 시작하자 사람들이 하나둘 따라 불러요.

503호 열차 허혜란 글, 오승민 그림 | 샘터 | 2016

1937년 스탈린의 명령으로 연해주에 살던 고려인 약 18만 명이 중앙아시아로 강제 이주를 당한 비극적인 역사를 그렸어요. 아빠와 헤어진 채 503호 열차에 오른 주인공 사샤의 시선을 통해 열차 안에서 펼쳐지는 죽음과 탄생, 절망과 희망을 보여 줘요.

라온쌤 뉴스 제14호　　　　　　　　　　　키워드 #난민 #로힝야족

보호받지 못하는 로힝야족 난민들

미얀마 로힝야족 난민들이 열악한 환경 속에 놓이자, 한 국제 구호 단체가 이들을 돕기로 했다. 로힝야족은 2017년부터 미얀마 군사정권의 탄압으로 큰 고통을 겪고 있으며, 많은 사람이 집을 떠나 강제로 나라 밖으로 쫓겨났다.

대부분 로힝야족은 방글라데시로 피난을 갔고, 현재는 100만 명이 넘는 사람들이 난민 캠프에서 지내고 있다. 난민 캠프에서는 많은 사람이 깨끗한 물과 의료 시설 없이 힘든 삶을 살고 있으며, 아이들마저 보호받지 못한 채 실종되거나 일찍부터 일을 해야 한다. 구호 단체는 2026년 12월까지 예산을 들여 이들을 지원할 계획이며, 그중에서도 아이들이 머물 수 있는 안전한 공간을 마련하는 일을 최우선 과제로 꼽고 있다.

로힝야족은 미얀마에서 오랫동안 살아왔지만, 미얀마 정부는 이들을 자국민으로 인정하지 않았다. 19세기 영국 식민지 시절, 방글라데시(당시 영국령 인도 벵골 지방)에서 넘어온 불

우리는 단지 맘 편히 살 곳이 필요할 뿐인데….

법 이민자로 보기 때문이다. 이로 인해 로힝야족은 시민권이 없었고, 집을 짓거나 병원에 가는 것도 매우 어려웠다. 그러던 중 2017년 8월, 로힝야 무장 단체가 미얀마 경찰을 공격했다. 이에 미얀마 군대는 진압을 핑계로 로힝야족 전체를 공격했다. 이 과정에서 수천 명이 목숨을 잃었고, 수십만 명이 피난을 가야 했다.

국제 사회는 미얀마 군사정권의 탄압을 '집단 학살'로 규정하며 강하게 비판하고, 로힝야족의 인권과 권리를 보호할 것을 꾸준히 요구하고 있다.

어휘 톡톡

- **난민** 전쟁이나 괴롭힘 때문에 자기 나라를 떠나 다른 나라로 피난 간 사람
- **탄압** 어떤 사람이나 단체의 행동이나 생각을 억지로 막는 것
- **무장 단체** 무기를 가진 사람들로 이루어진 단체

《503호 열차》는 어떤 책일까?

사샤를 비롯한 고려인들이 고려에서 쫓겨난 이유가 무엇이라고 했나요?

기차가 마지막으로 멈추었을 때 503호 열차에 타고 있던 사람들은 어떻게 되었나요?

기사를 읽은 후에 알게 된 것은?

피난을 간 미얀마 로힝야족의 현재 상황은 어떤가요?

미얀마 정부가 로힝야족을 국민으로 인정하지 않는 이유는 무엇인가요?

 책과 기사를 읽은 후 하고 싶은 말

나라의 분쟁이나 전쟁 등 여러 가지 이유로 낯선 땅에서 살아야 하는 사람들에게 어떤 지원이 필요할까요? 왜 그런 지원이 중요한지 생각한 후 써 보세요.

 내 안의 생각 끌어내기

세계에는 로힝야족 아이들처럼 집도 없이 위험한 환경에서 살아가고 있는 사람들이 많아요. 여러분이 그들의 친구라면 어떤 말을 해 주고 싶을지 간략히 편지를 써 보세요.

 라온쌤의 책 속으로

소련의 스탈린은 일본이 만주를 침략한 이후, 연해주에 사는 우리 민족인 고려인들이 일본 첩자 노릇을 할 거로 생각했어요. 그래서 그들을 다짜고짜 기차에 태우고 척박한 중앙아시아 땅으로 이주시켰지요. 맨몸으로 황량한 사막에 버려진 그들은 살기 위해 안간힘을 다해 노력했어요. 우리 민족의 아픈 역사를 잊지 않도록 이 책을 꼭 읽어 보세요.

교과 연계 : 5-2 사회_사회의 새로운 변화와 오늘날의 우리   난이도 ★★☆☆☆

자신이 키운 표범을 살리려 애쓴 소년

> 걱정 마. 이제 내가 돌봐 줄게!

열 살 은규는 창경원이라는 동물원에서 태어났어요. 아버지가 그곳에서 일하셨거든요. 그러던 어느 날, 은규를 슬프게 하는 일이 생겨요. 어미 표범이 새끼를 낳다가 죽은 거예요. 은규는 그 새끼 표범을 직접 길러 보기로 결심해요. 자신도 어릴 적 엄마를 잃은 경험이 있어, 표범이 더 안쓰럽게 느껴졌거든요. 은규의 보살핌 덕분에 '점박이'는 건강하게 자라나고, 둘 사이의 우정도 점점 깊어진답니다.

그러다가 제2차 세계 대전이 일어나요. 조선을 지배하던 일본은 폭격이 일어나면 동물들이 우리에서 나와 위험한 일이 생길까 봐 맹수를 모두 죽이라고 해요. 이 사실을 알게 된 은규는 점박이만큼은 지키고 싶어 해요. 사육사 히구치와 창경원 직원들은 어쩔 수 없이 맹수들에게 독이 든 먹이를 먹여요. 그러자 여기저기에서 동물들의 울부짖는 소리가 들리기 시작해요. 늑대도 퓨마도 호랑이도, 그렇게 고통 속에서 세상을 떠났답니다.

은규는 점박이만은 살려야겠다는 생각에 독이 들지 않은 고기를 숨겨 두었다가 몰래 바꾸어 주어요. 하지만 히구치에게 들키는 바람에 쫓겨나고 맙니다. 날이 밝아 다시 동물원에 가 보니 이미 점박이는 사라지고 없어요. 그렇게 스무날이 지나고 조선은 해방돼요. 일본이 전쟁에서 지면서 조선에서 물러가고, 히구치도 일본으로 떠나게 되지요. 히구치는 떠나기 전 은규에게 창고로 가 보라고 해요. 그곳에는 점박이가 있었답니다.

창경궁에 꽃범이 산다 손주현 글, 최정인 그림 | 휴먼어린이 | 2022

일제 강점기에 일본은 우리의 궁궐 창경궁을 창경원으로 격하시켜 동물원과 식물원으로 만들었어요. 이런 역사적 사실을 기반으로 은규라는 아이와 어린 표범의 우정을 그린 이야기예요.

라온쌤 뉴스 제15호 키워드 #문화재 #보호

경복궁 담벼락에 낙서라니!

조선 왕조 제일의 법궁 경복궁 담벼락이 엉망이 되었다. 누군가가 스프레이로 낙서를 한 탓이다. 그런가 하면 유네스코 세계 유산인 안동 하회마을 담벼락에도 한글과 영어 등으로 한 낙서가 발견되었다. 그뿐만이 아니다. 드라마를 찍던 사람들이 안동의 병산 서원에 있는 나무에 못을 박은 일도 있었다. 또 한 유튜버가 국가 무형유산인 예천 '청단놀음' 전수 교육관에 무단으로 침입하여 춤을 추고 영상을 올리는 등 문화유산 훼손 사례는 끊이지 않고 있다.

우리나라에는 소중한 문화유산을 지키기 위한 '문화재 보호법'이 있다. 하지만 법만으로는 문화유산을 완벽하게 보호할 수 없다. 우리 스스로 문화재를 소중히 여기고 보호하려는 마음을 가져야 한다. 문화재는 조상들이 물려준 소중한 유산이며, 우리 민족의 역사와 문화를 담고 있다. 문화재를 훼손하는 것은 우리의 역사를 잊고 문화를 파괴하는 것과 같다.

우리는 문화재에 함부로 낙서하거나 훼손하

는 행위를 멈춰야 한다. 문화재를 방문할 때는 예절을 지키고, 문화재 보호에 적극적으로 참여해야 한다. 또한, 문화재에 대한 교육과 홍보를 통해 문화재의 가치를 널리 알려야 한다. 모두가 문화재 보호에 앞장선다면, 우리 후손들에게도 아름다운 문화유산을 물려줄 수 있을 것이다.

어휘 톡톡

- **무형유산** 무형의 문화적인 소산으로 역사적 또는 예술적으로 가치가 큰 것
- **전수** 지식이나 기술을 전하여 받음

 《창경궁에 꽃범이 산다》는 어떤 책일까?

은규가 새끼 표범을 애지중지 돌본 이유는 무엇인가요?

일본 사람들은 왜 맹수들을 죽이라고 했나요?

기사를 읽은 후에 알게 된 것은?

기사에 나온 문화재 훼손 사례를 한 가지만 쓰세요.

문화재를 지키기 위해 법을 시행하는 것보다 중요한 것은 무엇인가요?

 책과 기사를 읽은 후 하고 싶은 말

문화재를 훼손하면 안 되는 이유와 그것이 우리 사회에 미치는 영향을 생각한 후 써 보세요.

 내 안의 생각 끌어내기

**만약 친구들과 함께 문화재를 보러 갔을 때, 누군가가 낙서를 하려 한다면
여러분은 어떻게 행동할 것인지 상상해서 써 보세요.**

라온쌤의 책 속으로

창경궁은 조선 시대에 왕실 가족들이 생활하던 궁궐이에요. 그런데 일제에 의해 동물원과 식물원이 되었고, 이름마저 창경원으로 격하됐지요. 궁궐 안 전각을 헐어버린 뒤 일본식 건물을 짓고, 일본의 상징적인 식물을 심어 두기도 했어요. 조선을 완전히 무시하는 행동이에요. 이런 역사적 배경을 생각하며 이 책을 읽는다면, 은규와 표범의 우정이 더욱 특별해 보일 거예요.

교과 연계 : 6-2 사회_통일 한국의 미래와 지구촌의 평화   난이도 ★★★☆☆

북으로 돌아가지 못한 할아버지

> 나도 예전에는 멋진 축구 선수였단다!

일제 강점기에 태어난 박창수 할아버지는 경평전의 선수였어요. 경평전은 일제 강점기 시절에 있었던 경성(서울)과 평양 사이의 축구 경기로, 당시 온 나라 사람들에게 큰 기쁨이었어요. 그러나 경평전은 1935년 이후 중단되었어요.

할아버지가 스무 살이 되는 해에 우리나라는 일본으로부터 해방되었고, 경평전도 다시 시작되었지요. 할아버지는 경평전 선수단이 되어 훈련을 받고, 1946년에 열린 경평전에 참가했어요. 그런데 믿을 수 없는 일이 벌어졌어요. 경기를 마치고 미래를 약속한 원이에게 줄 앨범을 사러 갔는데 돌아와 보니 모두가 배를 타고 북으로 떠나 버린 거예요.

그렇게 홀로 남한에 남게 된 할아버지는 한국 전쟁이 터지는 바람에 북으로 돌아갈 희망을 영영 잃어버리고 말았답니다. 그 후로 할아버지 삶은 쉽지 않았어요. 북한 이야기를 한다고 공산주의자 취급을 받기 일쑤였고, 살기 위해 이런저런 일을 많이 했야만 했어요. 그렇게 애쓰며 살다가 아흔이 되었고, 결국 요양원에 가게 되었어요.

요양원에서 할아버지는 강욱이라는 아이를 만나요. 강욱이는 축구 때문에 아빠와 갈등이 심해요. 아빠와 말다툼을 하고 마음이 안 좋아 엄마가 일하는 요양원을 찾아갔는데, 거기에서 할아버지를 만난 거예요. 그 이후 둘에게는 놀라운 일이 펼쳐진답니다.

통일을 향해 슈팅! 조경숙 글, 오승민 그림 | 한솔수북 | 2021

북한을 대표하는 축구 선수인 박창수 할아버지가 경기를 위해 남한에 왔다가 돌아가지 못해 펼쳐지는 이야기를 담았어요. 우리의 분단된 현실을 생각해 보게 하는 이야기예요. 축구라는 공통점으로 단단해지는 할아버지와 어린 소년의 세대를 뛰어 넘는 우정을 가슴 따뜻하게 그렸어요.

라온쌤 뉴스 제16호   키워드 #남북 관계 #북한

점점 더 멀어지는 남북 관계

우리나라와 북한의 사이가 나아질 기미를 보이지 않는다. 2024년, 북한은 남한을 더 이상 같은 민족으로 생각하지 않고 완전히 다른 나라로 대하겠다고 발표했다. 통일이라는 공통의 목표를 지우고 아예 다른 두 국가로 관계 설정을 하겠다는 의도로 보인다. 2025년인 지금도 서로의 관계는 긴장과 단절이 계속되는 상황이다.

과거에는 남북 정상이 만나서 손을 잡고 통일을 이야기하기도 했다. 남북 정상 회담은 2000년 김대중 대통령과 김정일 국방위원장의 첫 만남을 시작으로 2007년 노무현 대통령과 김정일 국방위원장의 만남, 그리고 2018년 문재인 대통령과 김정은 국무위원장의 세 차례 만남이 있었다. 만남을 통해 남북 관계 개선과 한반도 평화 정착을 위한 노력의 역사를 써 내려 왔다. 2021년에는 한때 통신선 복원 등으로 대화를 재개하려는 시도도 있었지만, 북한의 미사일 도발과 남한을 비방하는 방송으로

남북 사이에 단절과 긴장이 계속되고 있다고!

관계가 다시 악화되었다.

지금은 소통 자체가 되지 않고 있다. 북한은 계속해서 핵무기를 만들고 미사일을 쏘아 올리며 힘을 자랑한다. 이에 맞서 우리나라와 미국은 함께 군사 훈련을 하며 북한에 맞서고 있다. 북한은 핵무기를 포기하지 않겠다고 주장하고, 우리는 그런 북한을 지켜보며 불안한 상황이다. 지금처럼 남북 사이의 단절과 긴장이 계속되면 국민의 안전과 삶, 그리고 경제와 외교에도 나쁜 영향을 줄 수 있다. 남북의 대화는 한반도 평화를 위한 중요한 시작이다.

어휘 톡톡

- **설정** 새로운 내용이나 규칙을 미리 정해 두는 것
- **회담** 어떤 문제를 해결하려고 여러 사람이 모여 이야기하는 것
- **재개** 활동이나 회의를 한동안 멈추었다가 다시 시작함

 《통일을 향해 슈팅!》은 어떤 책일까?

박창수 할아버지가 다시 북한으로 돌아가지 못한 이유는 무엇인가요?

남한에 홀로 남은 이후 할아버지의 삶은 어떠했나요?

기사를 읽은 후에 알게 된 것은?

2024년에 북한은 어떤 발표를 했나요?

최근 북한은 어떤 식으로 남북 관계에 긴장감을 만들고 있나요?

 **책과 기사를 읽은 후 하고 싶은 말**

우리가 남북 관계를 회복하고 평화 통일을 위해 힘써야 하는 까닭을 생각한 후 써 보세요.

 **내 안의 생각 끌어내기**

어느 날 전쟁이나 자연 재해로 인해 사랑하는 가족이나 친구와 갑자기 헤어져야 한다면, 어떤 기분이 들지 상상해 본 후 써 보세요.

라온쌤의 책 속으로

이 책을 통해 '경평전'에 대해 처음 알게 되었어요. 경평전은 남북이 친선 관계를 다지기 위해 개최한 축구 경기로, 경성과 평양에서 번갈아 가며 열렸어요. 이 책은 경평전을 소재로 하여 박창수 할아버지와 강욱의 관계, 나아가 남북의 관계를 잘 그려냈어요. 마지막에 큰 감동을 주며 마무리되는 이야기는 이 책의 제목처럼 통일에 대한 희망을 품게 한답니다.

토론하고 생각 쓰기

"디지털 교과서, 정말 괜찮을까?"

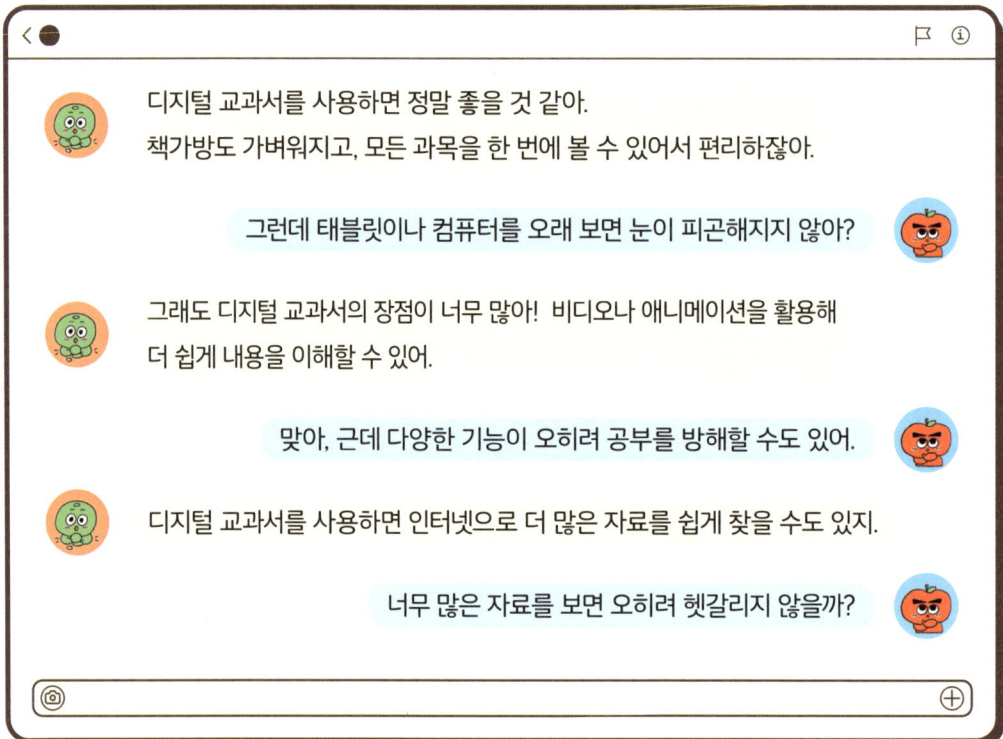

 디지털 교과서 사용에 대해 여러 의견이 오가고 있어요.
친구들의 대화를 읽고, 찬성과 반대 중 자기 의견을 정해 써 보세요.

"내가 가장 좋아하는 과목은 뭐지?"

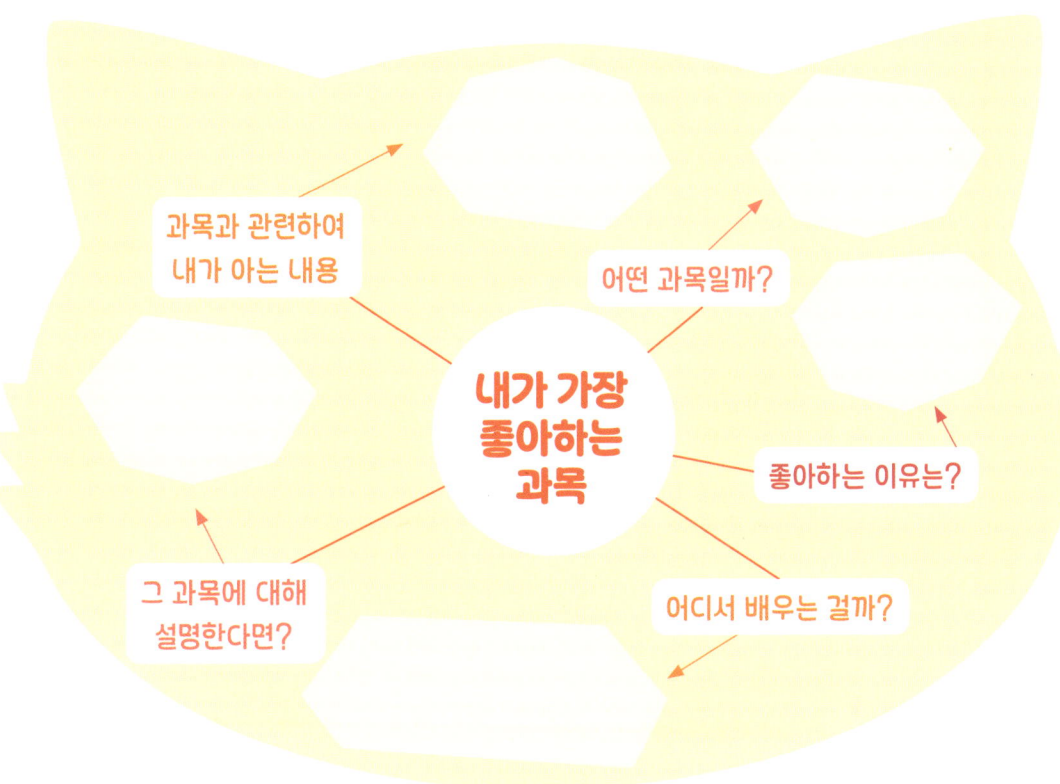

 여러분은 어떤 과목을 가장 좋아하나요? 그 이유와 함께 써 보세요.

3장
정치·경제
Book & News

정치·경제를 왜 알아야 할까요?

사회를 이루고 유지하는 힘

　사회는 여러 사람이 모여 관계를 맺고 살아가는 공동체를 의미해요. 질서 있게 이 공동체를 유지하고 조화롭게 잘 살아가려면 여러 가지 약속과 규칙이 필요해요. 이것이 바로 정치, 경제, 법과 같은 사회 시스템의 기초예요.

　정치는 사회를 이루는 사람들이 함께 의사 결정을 하고 모두의 목표를 정해 실행하는 과정이에요. 경제는 재화, 서비스를 생산하고 나누고 소비하는 활동을 말하지요. 법은 사회 구성원들이 지켜야 할 기본적 규칙과 약속으로, 갈등을 예방하고 공정한 사회를 유지하는 기준이 돼요. 이 세 가지는 무척 긴밀하게 연결되어 사회를 잘 흘러가게 해요.

정치·경제 책을 왜 읽어야 할까요?

　정치과 경제 그리고 법 등 사회에 대해 배우는 것은 우리가 속한 세상이 어떻게 움직이는지 이해하는 첫걸음이에요. 어린 시절부터 우리는 다양한 사회 구성원과 관계하고 살아가며 정치, 경제, 법과 관련된 현상을 경험해요. 책을 통해 이러한 내용에 대한 지식을 쌓으면, 우리가 사회 구성원으로서 어떤 권리를 행사할 수 있는지, 동시에 어떤 책임을 져야 하는지 알 수 있어요.

어떤 점에 중점을 두어 읽어야 할까요?

　딱딱하고 어렵게 느껴질 수 있는 정치, 경제, 법 이야기를 우리 주변의 뉴스나 현실 속 사례와 연결하여 생각해 보세요. '오늘 뉴스에 나온 이 이야기가 정치와 어떤 관련이 있을까?', '우리가 물건을 사는 행위는 경제와 어떻게 연결될까?', '학교에서 지켜야 하는 규칙들은 왜 필요할까?' 등을 질문해 보면 사회 현상들이 더욱 잘 이해될 거예요.

이런 질문을 해 봐요
법이 없으면 어떤 일이 생길까?
정치는 왜 필요할까?
돈은 왜 생겨났을까?
왜 어떤 사람은 부자가 되고, 어떤 사람은 가난할까?
사람들은 왜 회사를 만들까?
물건의 가격은 왜 바뀔까?
우리는 왜 일해야 할까?
세금은 왜 내야 할까?
모든 사람이 평등하려면 왜 법이 중요할까?
사람들이 다툴 때 왜 법원이 필요할까?
투표권은 왜 중요할까?
경제가 어려워지면 왜 우리 생활도 힘들까?
어린이도 법의 보호를 받을까?
광고는 왜 우리 마음을 흔들까?
소비자는 왜 똑똑해야 할까?
나라도 회사처럼 운영될까?
정치가 바뀌면 우리 생활도 달라질까?

정치·경제 　하루 한 장 초등 필독서

교과 연계 : 6-1 사회_우리나라의 정치 발전　　　난이도 ★★★★★

시민을 위해 발로 뛰는 시장 이야기

시민들의 의견을 모아 정책을 만들고 하루빨리 실현해야지!

달못시에 강직한 시장이 취임해요. 그는 좋은 시장이 되기 위해 최선을 다해요. 우선은 시장 관사를 가족과 함께 사용하는 대신에 어린이집으로 만들어요. 또한 허벌나 마트 허가를 취소하여 작은 가게를 보호하려고 애쓰지요. 청소부를 정규직으로 바꾸는 일에도 앞장서요. 그가 열심히 하는 만큼 공무원들은 힘들어져요. 달못시에 문제가 생기면 담당 공무원이 곧장 해결에 나서야 해요. 문제를 제대로 해결하기 위해서는 시민들을 직접 만나야 하기 때문에 일을 하는 방식도 많이 바뀌었지요.

　강직한 시장은 무엇보다 시민 수영장에 대한 생각이 깊었어요. 달못시에 수천억을 들여 국제 수영 대회를 여는 것보다 그 비용으로 달못시의 여러 곳에 시민들을 위한 수영장을 만드는 것이 옳다고 생각해요. 그간 달못시에서 축제가 성대하게 치러지고 나면 그로 인한 일자리 창출과 수익을 이야기하느라 바빴지만, 사실 확인할 길은 없었거든요.

　강직한 시장은 정치가 별거 아니라고 말해요. 시민들이 살아가는 현장에서 시민들을 만나고, 그분들의 말씀을 잘 들은 후 그 의견을 모아 정책을 짜고, 그것을 실현하는 것이라고 하지요. 이것이 새로운 정치, 진정한 정치, 생활 정치라고요.

　강직한 시장은 이렇게 달못시를 위해 발로 뛰는 시장입니다. 그는 오늘도 수첩을 들고 시민들을 만나요. 자신이 할 수 있는 일이라면 해야 한다는 멋진 시장입니다.

강직한의 파란만장 시장 도전기　김찬곤 글, 송진욱 그림 | 사계절 | 2014

시장은 지방 자치 단체인 시를 돌보고 책임지는 사람이에요. 이 책은 '강직한'이라는 가상 인물을 통해 시장의 역할이 얼마나 중요한지, 시장은 어떤 일을 하는 사람인지, 더 나아가 바람직한 시장의 모습은 무엇인지 보여 줘요.

라온쌤 뉴스 제17호   키워드 #행정 #시장

최우수상을 받은 논산시

논산시가 최근 지방행정혁신대상 최우수상을 받았다. 시가 추진한 일이 잘 되고 있기 때문이다. 이 시의 시장이 이끌었던 일들이 지역 발전에 큰 영향을 주고 있다. 본래 군사 도시인 논산이 한계를 벗어나 국방 산업의 중심이 될 가능성을 보여 주기도 했다. 군사와 관련된 회사들이 세워지고, 이에 따라 일자리도 늘었다.

그 밖에도 아동을 존중하는 아동 친화 도시를 만들기도 하고, 임신, 출산 관련 서비스를 추진해서 시민들이 살기 편한 도시로 발전하고 있다. 농업 발전에도 힘쓰고 있어 농사를 짓는 가정이 조금 더 안정적으로 수입을 얻어 생활하는 데 좋은 영향을 주었다.

수원시, 고양시, 파주시처럼 대한민국의 각 시에는 시의 행정을 맡아 일을 하는 시장이 있다. 시의 발전을 위한 일을 기획하고 처리하는 시장은 4년마다 이루어지는 지방 선거에서 시민들의 투표를 통해 선출된다. 자신이 살고 있는 지방 자치 단체를 위해 일할 사람을 시민들이 직접 뽑는 것이다.

좋은 도시는 시장과 시민이 함께 만들어야 해요!

시가 발전하기 위해서는 시장의 역할이 중요하다. 물론 시민들의 참여와 관심도 중요하다. 시민들이 시에서 추진하는 정책에 관심을 가지고 목소리를 내면, 모든 일이 더 투명하고 공정하게 진행된다. 또 서로 협력하면 더 좋은 아이디어가 나와 도시를 살기 좋은 곳으로 만들 수 있다. 결국 시의 발전은 시장과 시민이 함께 만들어 가는 것이다.

어휘 톡톡

- **행정** 정해진 법과 계획에 따라 나라를 운영하는 일
- **선출** 여럿 가운데서 뽑거나 골라냄

 《강직한의 파란만장 시장 도전기》는 어떤 책일까?

강직한 시장이 한 일을 한 가지만 써 보세요.

강직한 시장이 국제 수영 대회를 여는 대신 수영장을 지으려고 하는 이유는 무엇인가요?

기사를 읽은 후에 알게 된 것은?

논산시는 어떤 정책들을 추진해서 상을 받았나요?

시장은 몇 년에 한 번 선출되며, 어떤 역할을 하나요?

책과 기사를 읽은 후 하고 싶은 말

내가 사는 도시의 주소를 '시' 혹은 '군' 단위까지 써 보세요. 그리고 우리 지역의 장점을 생각한 후 써 보세요. (예 경기도 고양시, 전라남도 고흥군 등)

내 안의 생각 끌어내기

우리 지역의 문제점을 한 가지 떠올려 보고, 그것을 해결해 달라는 건의문을 간단히 써 보세요. (예 쓰레기 문제, 주차 문제, 시설 문제 등)

이 책을 읽고 강직한 같은 시장이 실제로 존재하는지 잠시 생각해 보았어요. 누구나 처음에는 시와 시민들을 위해 일하려고 시장이 되었지만, 뜻대로 되지 않을 때가 많을 거예요. 하지만 어떤 상황에서도 시장이 시를 위해 애써야 시민들의 삶이 행복해진다는 것을 잊지 말아야 해요. 또 시민들은 자신이 뽑은 시장이 제대로 일하고 있는지 관심을 가지고 끝까지 지켜봐야 합니다.

정치·경제 하루 한 장 초등 필독서

교과 연계 : 4-2 사회_지역의 공공기관과 주민 참여   난이도 ★★☆☆☆

학교 이름을 바꾼 멋진 아이들

부산 기장군 대변리에 '대변 초등학교'가 있었어요. 학생 56명에 교사가 14명 있는, 1963년에 설립된 역사가 꽤 긴 학교예요. 바다 앞에 있는 작고 예쁜 학교랍니다. 이 학교에 다니는 학생들은 학교를 무척 사랑하지만, 가끔 곤란할 때가 있었어요. 바로 남들이 '똥 학교'라고 놀릴 때지요. 이름이 '대변' 초등학교이기 때문이에요. 그러던 2017년 어느 날, 부학생회장 선거에 출마한 승재가 이 학교 이름을 바꾸겠다는 공약을 내세웠어요. 그때부터 학교 이름 바꾸기 프로젝트가 야심 차게 시작되었지요.

승재가 학생들을 일일이 만나 의견을 물어보았더니 대부분 찬성했어요. 교장 선생님의 지지도 얻었고요. 유명한 부산의 축제인 멸치 축제에서 4개월간 3천 장의 서명을 받기도 합니다. 게다가 졸업생들에게 편지를 보내 동의를 얻기도 했어요. 물론 반대 의견도 있었어요. 오랜 역사가 있는 학교인 만큼 대변 초등학교라는 이름이 역사적이고 전통이 있는 이름이라는 거예요. 게다가 마을 이름을 따서 만들었기에 더 의미가 있다는 것이지요.

하지만 다수의 찬성으로, 부산시 교육청에 공문을 보내 세 개의 이름을 후보로 정해요. 해파랑, 도담, 용암 초등학교였지요. 그리고 마침내 학교 운영 위원회에서 최종 교명을 선정합니다. 이후 여러 절차를 거쳐 2018년 학교 이름을 '용암 초등학교'로 바꾸었어요.

아이들이 직접 학교 이름을 바꾼 생생한 과정을 재밌게 읽어 보세요.

똥 학교는 싫어요! 김하연 글, 이갑규 그림 | 초록개구리 | 2018

실제 학교 이름을 바꾼 대변 초등학교, 아니 지금의 '용암 초등학교' 아이들의 이야기예요. 당시 학생들이 나서서 학교 이름을 바꾼 것이 화제가 되기도 했어요. 이 책의 시리즈 명인 '내가 바꾸는 세상'처럼 어린이가 직접 나서서 멋진 일을 해내는 모습을 경쾌하게 풀어냈어요.

라온쌤 뉴스 제18호   키워드 #청소 프로젝트 #공동체 의식

학교 주변 청소에 앞장선 초등학생

작은 행동 하나가 마을 전체를 바꾸었어!

초등학생 A군이 최근 학교 주변 환경을 깨끗하게 만들기 위한 '학교 주변 청소 프로젝트'을 벌여 주목받고 있다.

A군은 어느 날 문득 학교 주변이 지저분하다고 생각했다며, 우리 지역과 학교 이미지가 나빠질까 봐 학교 근처 도로와 공원에 버려진 쓰레기를 모으기 시작했다고 전했다. 혼자 시작한 일이지만 쓰레기를 줍는 모습을 보며 감동한 친구들 몇몇이 동참해 점점 규모가 커졌다. 처음에는 하교 후에 잠시 하던 일이었는데, 이제는 주말에도 하게 되었다.

아이들이 나서자, 지역 주민들도 함께하기 시작했다. 학교 교문 앞에는 '깨끗한 우리 학교, 쾌적한 우리 동네'라는 포스터까지 만들어 붙였다. 마을 사람 모두가 나서 거리의 쓰레기를 치우기 시작했다. 적극적으로 나서는 사람도, 지나가며 쓰레기 하나라도 주우면서 소박하게 돕는 사람도 프로젝트를 응원하며 힘을 모았다.

A군은 이번 활동을 통해 "작은 힘이라도 함께하면 큰 변화를 만들 수 있다는 걸 알게 됐다."라고 말했다. 실제로 프로젝트 이후 학교 주변이 눈에 띄게 깨끗해졌다.

이번 일을 계기로 학교와 지역 사회는 정기적인 환경 캠페인과 공동체 활동을 이어가며, 더 깨끗한 마을을 만들기 위한 다양한 프로젝트를 준비 중이다.

어휘 톡톡

- **주목** 눈길을 끎, 또는 관심을 가지고 바라봄
- **지역 사회** 일정한 지역 안에서 사람들이 함께 어울려 살아가는 생활 공동체

《똥 학교는 싫어요!》는 어떤 책일까?

부학생회장 선거에 출마한 승재가 내세운 공약은 무엇인가요?

학교 이름을 바꾸기 위해 아이들은 어떤 일을 했나요?

기사를 읽은 후에 알게 된 것은?

한 학생이 학교 근처 쓰레기를 치우기 시작한 이유는 무엇인가요?

학생의 실천을 계기로 학교와 지역 사회는 무엇을 강화할 것이라고 했나요?

 책과 기사를 읽은 후 하고 싶은 말

책과 기사에서는 모두 아이들이 먼저 나서서 변화를 만들었어요.
여러분도 학교나 동네 등 바꾸고 싶은 것이 있는지 생각한 후, 그 이유와 함께 써 보세요.

 내 안의 생각 끌어내기

여러분의 작은 행동이 누군가에게 도움이 되었던 적이 있나요?
사소하지만 다른 사람에게 좋은 영향을 준 적이 있다면, 그때의 상황과 기분을 자세히 써 보세요.

 라온쌤의 책 속으로

이 책을 같이 읽은 후 실제 있었던 일이라고 하면 친구들이 놀라곤 해요. 학교 이름을 바꾸는 엄청난 일을 아이들이 해냈다는 사실이 놀라운 것이지요. 가만 생각하면 학교 이름을 바꾸는 일은 사실 남의 일이 아닌 그 학교 학생들의 일이기도 해요. 이처럼 어린이가 할 수 있는 일은 생각보다 아주 많답니다.

정치·경제 | 하루 한 장 초등 필독서

교과 연계 : 6-2 사회_우리나라의 경제 발전　　　　　난이도 ★★☆☆☆

편의점에서 깨닫는 경제 흐름

왠지, 하나는 공짜로 얻는 것 같아!

백냥이는 편의점을 좋아해요. 얼마나 좋아하는지 편의점 냠냠 수첩까지 있지요. 냠냠 수첩에는 편의점에서 음식을 사 먹고 어떤 느낌이었는지 적어요. 가끔은 그림도 그리고요.

그러던 어느 날 편의점에 갔는데 새로운 롤케이크가 출시되었다는 거예요. 기쁜 마음으로 달려가지만 사지 못해요. 한정판이라 다 팔린 거예요. 실망한 백냥이에게 편의점 사장인 할머니는 이렇게 한정판으로 나오면 희소성이 있어 잘 팔린다고 이야기해요. '희소성'이란 무언가가 많이 있지 않고, 얻기 어려운 상태를 말해요.

다른 진열대를 둘러보던 백냥이에게 '1+1 상품'이 보였어요. 그 순간 충동구매를 했는데, 이런! 너무 맛이 없었어요. 백냥이는 '1+1'이라는 문구에 충동구매 한 것을 금방 후회하고 말아요.

다음 날, 백냥이는 드디어 롤케이크를 사려하지만, 이번에는 돈이 부족해요. 옆 사람을 보니 신용카드로 물건을 사기도 해요. 부러워하는 백냥이를 보며 편의점 사장 할머니는 신용카드가 결국은 '외상'이라고 말해 줘요. 먼저 사용한 후 나중에 갚아야 한다는 것이지요. 그러고는 백냥이에게 돈이 부족해 못 사는 일이 없도록 '용돈 기입장'을 쓰라고 알려 줍니다. 그렇게 백냥이는 편의점에서 경제의 중요한 개념들을 배워나가요.

편의점에서 경제도 파나요?　정연숙 글, 고양이다방 그림 | 책읽는곰 | 2023

편의점을 좋아하는 백냥이의 이야기를 통해 경제 지식을 알려 주는 책이에요. 수요, 공급, 가격 결정, 희소성, 신용, 생산, 유통, 시장 등 어려운 경제 개념을 재밌는 편의점 이야기와 더불어 쉽게 배울 수 있어요.

라온쌤 뉴스 제19호 | 키워드 #한정판 #마케팅

한정판 상품, 진짜일까 속임수일까?

한정판이라고 하면 더 갖고 싶어지는 게 사람들의 마음이야!

최근 한 생수 회사와 음료 회사가 한정판 상품을 <mark>출시</mark>했다. 그런데 이를 두고 말이 많다. 원래 내용물은 기존 제품과 같은데 포장만 달라진 채로 '한정판'이라고 이름 붙인 것이 아니냐는 <mark>의구심</mark>이 일기 때문이다.

닌텐도 스위치의 '동물의 숲 에디션'도 특유의 귀여운 디자인과 파스텔 색상으로 많은 사람의 관심을 끌었지만, 역시 한정판으로 출시되었다. 수량이 매우 적었기 때문에 나오자마자 품절이 되었고, 구하지 못한 사람들 사이에서 중고 가격이 크게 오르며 희소성은 더욱 높아졌다.

그 밖에도 유명 스포츠 용품 브랜드도 운동화를 한정판으로 출시했고, 어른들이 이용하는 스타벅스 역시 새로운 계절이 되면 머그컵이나 텀블러 등 다양한 제품을 한정판으로 내놓는다. 그 시즌이 지나면 구할 수 없어 사람들은 더욱 갖고 싶어 한다.

한정판 상품을 출시하는 이유는 본래 정해진 수량만큼만 판매를 하니 빨리 사야 한다는 희소성을 강조해 소비자의 관심을 끌기 위한 것이다. 생수나 음료뿐만 아니라 다양한 여러 제품이 이 한정판 마케팅을 하고 있다.

그런데 위의 사례처럼 한정판이라 해 놓고 사실은 기존 제품을 판다는 것이 속속 드러나고 있다. 그러다 보니 소비자들도 이를 알아채고는 쉽게 사지 않는다. 포장만 바꾼 제품들에 실망한 경험이 있기 때문이다. 오히려 이런 방식은 기업 이미지를 하락시키는 데 한몫한다. 기업들도 이제는 한정판 마케팅을 신중히 해야 할 것이라는 목소리가 높아지고 있다.

🔍 어휘 톡톡

- **출시** 상품이나 제품이 시장에 나오는 것
- **의구심** 의심하고 두려워하는 마음

 **《편의점에서 경제도 파나요?》는 어떤 책일까?**

백냥이가 롤케이크를 사지 못한 이유는 무엇인가요?

신용카드로 물건을 구매하는 일이 '외상'인 이유가 무엇인가요?

기사를 읽은 후에 알게 된 것은?

일부 기업은 한정판 상품이라고 홍보하며 어떤 속임수를 쓰고 있나요?

기업이 한정판 상품 마케팅을 잘못하면 어떤 문제가 생기나요?

 **책과 기사를 읽은 후 하고 싶은 말**

'한정판', '1+1', '오늘만 특별 할인' 같은 광고 문구를 보면 물건을 사고 싶어질 때가 있어요. 이런 광고의 좋은 점과 조심해야 할 점을 생각한 후 써 보세요.

 **내 안의 생각 끌어내기**

여러분이 생각하는 현명한 소비는 무엇인가요? 자신의 소비 습관을 돌아본 후 써 보세요.

    귀여운 백냥이가 편의점을 누비며 들려주는 경제 이야기는 정말 재미있어요. 또 이야기 끝에 나오는 지식 정보 내용도 쉽게 잘 읽힌답니다. 이 책을 통해 재미있게 경제 지식도 쌓고, 노동의 가치와 신용의 중요성에 대해서도 배울 수 있어요. 백냥이와 함께 익힌 경제 지식을 실생활에 활용해 지혜로운 소비자가 되어 보세요.

정치·경제 하루 한 장 초등 필독서

교과 연계 : 6-2 사회_우리나라의 경제 발전   난이도 ★★★★★

망고톡부터 망고택시까지

지효는 눈 뜨자마자 스마트폰을 봐요. 일어나면 늘 망고톡에 톡이 잔뜩 들어와 있거든요. 오늘도 300개가 넘는 망고톡이 들어와 있어요. 친구들 사이에 어떤 일이 있었는지 소식을 알고, 거기에서 소외되지 않으려면 망고톡을 볼 수밖에 없지요. 사실 예전에는 통신사에 비용을 내고 문자 서비스를 이용했는데, 망고톡은 사용하는 사람이 직접 돈을 내지 않으니 이렇게 자유로운 대화가 가능한 거라고 엄마는 말해요. 그러면 망고톡 비용은 누가 낼까요? 망고톡은 기업이 지불하는 광고비로 서비스를 운영하고 제공해요. 망고톡을 이용하는 사람이 많으니 기업에서는 망고톡 플랫폼에 돈을 내고 광고하는 것이지요.

지효는 엄마하고 할머니께 가기로 해요. 엄마는 망고택시를 부르고, 택시 안에서 망고쇼핑을 통해 할머니께 드릴 내복을 주문해요. 예전에는 전통 시장에서 주로 샀는데 아무래도 할인도 되고 배송도 해 주니 망고쇼핑에서 사게 된다면서 말이에요.

할머니께 도착해서 망고 배달 앱으로 음식을 주문했는데 한참이 지나도 오지 않는 거예요. 알고 보니 망고톡 회사 건물에 화재 사고가 나서 모든 서비스가 중단이 되었다고 해요. 엄마와 지효는 갑자기 막막해지고 말았답니다.

또 동생이 체육 수업이 있는 어느 날, 엄마는 체육복을 매달 돈을 내는 세탁 구독 서비스에 맡겼다고 했어요. 하지만 옷이 늦게 오는 바람에 결국 동생은 체육복을 못 입고 학교에 갔답니다.

편리하긴 한데, 너무 이 시스템에 의지하고 사는 건 아닐까?

카카오톡이 공짜가 아니라고? 이정주 글, 허현경 그림 | 개암나무 | 2024

우리 일상에서 익숙하게 접하는 새벽 배송, 유튜브, 구독 경제, 패스트 패션 등에 대해 잘 아는 것 같지만, 사실 우리가 모르는 숨은 일들이 많아요. 그것에 대해 친절하게 설명해 주는 책이에요. 얼핏 들으면 무척 복잡한 이야기이지만, 동화를 통해 재밌게 들려준답니다.

라온쌤 뉴스 제20호   키워드 #e커머스 #온라인 쇼핑

편리함 뒤에 가려진 그림자, e커머스

최근 e커머스(전자상거래) 시장이 다양한 분야에서 급격히 성장하고 있다. 누구나 스마트폰을 사용하고 있고 인터넷 기술도 발달하고 있으며, 소비자들의 생활 방식 또한 변화하고 있다. 이에 따라 온라인 쇼핑이 늘어나는 것은 당연한 현상이다.

특히 '배달의민족', '쿠팡', '네이버 쇼핑'과 같은 대형 플랫폼들이 빠르게 시장을 이끌며 거래 규모가 해마다 크게 늘고 있다. 이들 기업은 단순히 상품만 판매하는 것이 아니라, 인공지능 추천 시스템, 새벽 배송, 당일 배송 같은 첨단 서비스를 앞세워 소비자들의 선택을 받고 있다.

코로나19 팬데믹은 이러한 흐름을 더 강하게 만들었다. 외출과 대면 접촉을 꺼리게 된 상황에서 사람들은 마트나 가게에 직접 가지 않고도 물건을 구할 수 있는 온라인 쇼핑을 적극 활용하기 시작했다. 생필품부터 가전제품, 음식 배달에 이르기까지 대부분 소비가 스마트폰 앱과 클릭 몇 번으로 이루어지는 시대가 된

온라인 쇼핑으로 모든 것을 해결할 수 있는 시대야!

것이다.

하지만 그 이면에는 적지 않은 문제도 드러난다. 골목 상권이나 전통 시장을 중심으로 영업하던 소상공인들은 대형 온라인 쇼핑몰과 배달 플랫폼의 저렴한 가격과 빠른 배송, 간편한 결제 시스템 앞에서 힘을 잃고 있다. 온라인 쇼핑에 익숙해진 고객들이 더 이상 찾지 않는 것이다.

e커머스 시장이 앞으로도 계속 성장할 것이 분명한 만큼, 그 안에서 모두가 함께 살아갈 수 있는 구조를 만드는 것이 지금 우리가 풀어야 할 중요한 과제다.

어휘 톡톡

- **e커머스(전자상거래)** 인터넷을 통해 상품이나 서비스를 사고파는 거래 방식
- **소상공인** 규모가 작은 가게나 사업을 운영하는 사람 혹은 작은 기업

《카카오톡이 공짜가 아니라고?》는 어떤 책일까?

소비자가 망고톡을 무료로 이용할 수 있는 것은 어떤 원리 때문인가요?

지효 엄마가 이용한 온라인 서비스는 무엇인가요?

기사를 읽은 후에 알게 된 것은?

e커머스 시장의 대표적인 플랫폼에는 어떤 것들이 있나요?

e커머스 시장의 성장으로 인해 소상공인은 어떤 어려움을 겪고 있나요?

 **책과 기사를 읽은 후 하고 싶은 말**

빠르고 편리한 e커머스 시장이 커지는 게 모두에게 좋은 일은 아니에요.
e커머스 시대에 전통 시장과 소상공인이 함께 살아가기 위한 방법을 생각한 후 써 보세요.

 **내 안의 생각 끌어내기**

부모님과 함께 배달 앱을 통해 음식을 주문한 경험이 있나요?
어떤 점이 편리했고, 어떤 점이 불편했는지 생각한 후 써 보세요.

책과 기사에서 이야기한 대형 플랫폼 외에도 우리 주변에는 생활을 편리하게 만들어 주는 서비스가 많아요. 이처럼 우리는 날마다 다양한 서비스를 이용하지만, 그것들이 어떻게 만들어지고 운영되는지 구체적으로 알지는 못해요. 이 책은 그런 점에 대해 알려 주며, 올바른 경제 생활에 대해 생각하게 해요.

교과 연계 : 6-2 사회_인권 존중과 정의로운 사회   난이도 ★★★☆☆

우리 생활 속에 법이 필요한 이유

하늘나라의 무지개 천사 금비는 온갖 말썽을 부리다가 인간 세상에 가서 법을 배워 오라며 쫓겨나요. 인간 세상에 내려온 금비는 원이를 만나 법에 대해 배우기 시작해요.

인간은 혼자 살 수 없어서 모여 살아요. 그렇다 보니 여러 지켜야 할 일들이 생기기 시작하지요. 그중에 법은 최소한의 도덕이에요. 사회 질서를 위해 가장 기본적인 것을 정해 둔 것이거든요. 이런 법이 없다면 힘이 센 사람들이 지배하는 세상이 될 거라고 해요.

그런데 예전에는 글로 적힌 법이 없었어요. 대대로 내려오는 생활 규칙에 따라 생활하곤 했는데, 이런 것을 '관습'이라고 해요. 관습은 시간이 지남에 따라 누구나 지켜야 하는 규범이 되기도 했지요. 이렇게 관습은 의도적으로 만든 것이 아닐뿐더러 문서로 정리되어 있는 것도 아니라서 '불문법'이라고 해요. 그리고 우리가 지금 일정한 절차에 따라 내용을 문서로 쓰고 널리 알린 법은 '성문법'이라고 한답니다.

또한 법은 민주주의 국가에서 국민의 자유와 권리를 보장하고 나라의 지도자가 마음대로 통치하는 것을 막기 위해서도 필요답니다. 우리 사회는 종교, 관습, 도덕과 더불어 법이 있어야 유지돼요. 법은 국회에서 만들지만, 우리가 국회의원을 뽑았기 때문에 우리가 만드는 것과도 같아요. 우리나라 법이 처음 만들어진 날은 1948년 7월 17일이에요.

이렇게 금비는 원이를 따라다니며 법에 대해 많은 것을 배웠어요. 그러고는 규칙과 법의 소중함을 깨닫고 다시 하늘나라로 돌아갔어요.

아빠, 법이 뭐예요? 우리누리 지음, 김성신 그림 | 창비 | 2005

우리가 사는 이 사회에 왜 규칙과 법이 필요한지를 시작으로 다양한 법 관련 이야기를 실제 사건을 바탕으로 쓴 책이에요. 헌법, 가족법, 형법, 근로 기준법, 노동법, 소비자 보호법, 환경법 등 우리의 일상생활과 관련된 법들을 소개했어요.

라온쌤 뉴스 제 21호   키워드 #개인 정보 #윤리 의식

불안 속 계속되는 개인 정보 유출 사건

몰래 수집한 정보로 돈을 벌었다고요?

최근 한 대형 기업이 고객의 개인 정보를 무단으로 수집하고 이를 제삼자에게 판매한 사실이 밝혀지면서 사회에 큰 충격을 주고 있다. 이 기업은 고객에게 아무런 동의도 받지 않은 채, 웹사이트 이용 기록과 쇼핑 내역, 연락처, 위치 정보 등의 민감한 개인 정보를 장기간에 걸쳐 수집하고 유출한 것으로 드러났다.

특히 수집한 정보는 데이터 브로커라 불리는 정보 중개 업체에 판매되었으며, 그로써 기업은 막대한 수익을 올린 것으로 알려졌다. 문제는 해당 정보가 광고 업체뿐만 아니라 금융, 보험, 마케팅 업체 등 다양한 경로로 퍼져 나가면서 수많은 고객의 개인 정보가 무분별하게 이용되었고, 심지어 범죄에 악용될 가능성까지 있다는 점이다.

그로 인해 일부 고객들은 스팸 문자와 전화를 하루에도 수십 통씩 받게 되었고, 자신도 모르게 가입된 광고 서비스에 불편을 겪는 상황이다. 어떤 사람은 이름, 연락처, 주소, 가족 정보까지 노출되어 정신적 충격과 불안감에 시달리고 있다고 이야기했다. 이 사건은 단순한 해프닝이 아니라 기업의 부족한 윤리 의식을 여실히 보여주는 심각한 문제다.

개인 정보는 한 사람의 사생활과 권리, 정체성과 직결되는 민감한 정보다. 고객이 믿고 맡긴 정보를 기업이 몰래 수집하거나 판매하는 것은 명백한 인권 침해이자 법 위반 행위다. 기업이 이익을 우선하다 보면 윤리적 판단에 소홀히 하기 쉽다. 그러나 개인 정보 보호는 법적 의무이자 사회적 책임임을 잊지 말아야 한다.

어휘 톡톡

- **제삼자** 어떤 일에 직접 관련이 없는 다른 사람
- **유출** 안에 있어야 할 것이 밖으로 흘러 나가거나 빠져 나감
- **윤리 의식** 옳고 그름을 판단하고 바르게 행동하려는 마음가짐

 《아빠, 법이 뭐예요?》는 어떤 책일까?

사회에 법이 없다면 어떤 문제가 생길까요?

성문법이란 무엇인가요?

기사를 읽은 후에 알게 된 것은?

한 기업이 유출한 개인 정보가 어떻게 사용되었나요?

이 사건으로 고객들은 어떤 피해를 입었나요?

 **책과 기사를 읽은 후 하고 싶은 말**

개인 정보 유출로 인해 소비자가 받은 피해, 잘못된 이유, 기업이 지녀야 할 윤리 의식 등을 생각해 보고, 소비자의 개인 정보를 유출한 기업의 담당자에게 책임을 묻는 편지를 써 보세요.

 **내 안의 생각 끌어내기**

사회가 변하면서 그에 맞게 필요한 법도 계속 생겨야 해요.
우리 사회에 필요한 법을 생각해 보고, 기존의 법을 바꾸거나 새로운 법을 만들어 보세요.

사회에서 꼭 지켜야 할 규칙과 법에 대한 이야기를 실제 있었던 사건을 바탕으로 쓴 책이에요. 법은 사회 질서를 유지하는 데 필수적인 요소이지요. 이 책에 나오는 사례를 바탕으로 법의 필요성과 준법정신의 중요성에 대해 생각해 보세요.

정치·경제 하루 한 장 초등 필독서

교과 연계 : 6-1 사회_우리나라의 정치 발전   난이도 ★★★☆☆

반장은 신중하게 뽑아야 해!

　반장 선거를 앞두고 희동이와 아람이가 후보로 나섰어요. 아람이는 모범적이고 깨끗한 반을 만들겠다고 했어요. 희동이는 반장이 되면 매주 맛있는 음식을 나누어 주겠다고 했지요. 두 아이가 반장이 된 경우를 상상해 보았어요.

　아람이가 반장이 되니 공약한 대로 좋은 반을 만들기 위해 애썼어요. 서로 도와서 열심히 반을 가꾸어 환경 미화에서 1등을 하기도 하고, 떠드는 아이들 이름을 칠판에 쓰기 전에 먼저 경고를 주어 스스로 행동을 돌아보게 했지요. 반면 희동이는 공약대로 반장이 되자마자 먹는 파티부터 벌이고 싶어 했어요. 반을 운영하는 데는 관심을 두지 않고, 아이들이 떠들어도 자신과 친한 친구라면 봐 주기도 했지요. 결국 희동이를 뽑은 아이들은 후회했어요.

　그런데 이렇게 반에서 반장을 뽑듯 나라에서도 대통령을 뽑아요. 만 40세 이상이며, 우리나라에서 5년 이상 살아야 대통령 후보가 될 수 있어요. 당연히 대한민국 국민이어야 하지요. 또한 모든 국민은 직접 대통령을 뽑기 위해 투표를 한답니다.

반을 위해 힘써 줄 진짜 반장을 뽑자!

　우리나라는 행정부, 입법부, 사법부로 나뉘어 '삼권 분립 원칙'에 의해 움직여요. 한편 영국이나 일본은 '의원 내각제' 국가예요. 의원 내각제란 국가의 정치를 운영할 때 국회의원이 중심이 되어 내각(정부)을 구성하고 운영하는 정치 제도예요. 이 외에도 왕이나 종교 지도자가 다스리는 형태의 나라도 있고, 공산당이 다스리는 사회주의 국가도 있어요.

사회는 쉽다! 1(민주주의와 정치) 김서윤 글, 이고은 그림 | 비룡소 | 2022

반장 선거에서 시작된 이야기가 대통령 선거로 이어지며 선거의 3원칙, 투표의 중요성 등에 대해 자세히 설명해요. 국민이라면 꼭 알아야 할 민주주의와 정치에 대해 쉽게 이해할 수 있게 도와줘요.

라온쌤 뉴스 제22호　　　　　　　　　　　키워드 #선거 #공약

부정 선거 논란의 이장 선거

△△군의 한 마을에서 이장 선거가 진행되었다. 그러나 선거 과정에서 투명하지 못하다는 이의가 제기되어 마을 주민들이 혼란에 빠졌다. 마을에서 크고 작은 일을 처리하는 이장은 중요한 역할을 한다. 그런 이장을 뽑는 선거가 명확한 규정도 없이 진행되었다는 것이다.

이 사건은 선거에 참여한 주민의 숫자보다 더 많은 수의 투표 용지가 발견되면서 꼬리가 잡혔다. 게다가 투표에 참여한 사람 중 일부는 주소도 적지 않아 마을 주민인지 확인할 길이 없다고 한다. 그래서 마을 주민들은 이번 선거는 부정 선거라며, 다시 선거할 것을 요구하고 있다. 그러나 이 선거를 관리한 마을 대표는 투표 용지가 실수로 더 나왔을 뿐이며, 그로 인해 투표 결과가 달라지지는 않는다며 재선거를 하지 않기로 결정했다.

그런가 하면 이웃 지역에서는 선출된 대표가 공약을 이행하지 않아 마을 주민들의 불만의 목소리가 나오고 있다. 마을에 쓰레기 처리장이 들어오는 것을 반대하던 주민들이 이를 막겠다는 후보를 믿고 뽑았으나, 그가 일을 잘 처리하지 못해 결국 쓰레기 처리장이 들어올 위기에 처했다는 것이다. 마을 주민들의 목소리가 날로 높아져 지역 사회가 시끌시끌하다.

부정 선거 없이 대표를 잘 뽑는 일도, 선출된 대표가 공약을 실천하며 맡은 조직이나 단체를 잘 이끄는 일도 쉽지 않은 요즘, 올바른 대표를 뽑는 일의 중요성에 대해 다시 한번 돌아보게 된다.

이번 이장 선거는 부정 선거가 의심돼요!

🔍 **어휘 톡톡**
- **이의** 다른 의견이나 반대하는 생각
- **공약** 정부나 정치인이 국민에게 어떤 일을 꼭 하겠다고 약속하는 것

《사회는 쉽다! 1》은 어떤 책일까?

희동이 반 친구들이 희동이를 반장으로 뽑은 것을 후회한 이유는 무엇인가요?

우리나라의 대통령 후보가 되기 위해 갖춰야 할 조건은 무엇인가요?

기사를 읽은 후에 알게 된 것은?

△△군의 마을 사람들이 이장 선거를 부정 선거라고 주장하는 이유는 무엇인가요?

이웃 마을에서는 대표의 어떤 공약 때문에 그를 뽑았나요?

 **책과 기사를 읽은 후 하고 싶은 말**

대표는 모두를 위해 일하는 사람이에요. 어떤 사람을 뽑느냐에 따라 우리 반, 마을, 사회가 달라질지도 몰라요. 여러분이 생각하는 '좋은 대표'는 어떤 사람인지 써 보세요.

 **내 안의 생각 끌어내기**

학교나 모임에서 대표를 선거로 뽑았는데 뽑은 대표가 약속을 잘 지키지 않는다면, 여러분은 대표에게 어떤 말을 해 줄 것인지 써 보세요.

 **라온쌤의 책 속으로**

우리 반의 반장을 뽑는 것처럼 어른이 되면 다양한 조직의 대표를 뽑게 돼요. 대통령과 국회의원도 그 중 하나예요. 대표를 뽑을 때 어떤 원칙을 지켜야 하는지, 그리고 왜 신중하게 대표를 뽑아야 하는지 생각해 보기를 바래요.

정치·경제 | 하루 한 장 초등 필독서

교과 연계 : 4-2 사회_지역의 공공기관과 주민 참여

난이도 ★★★★★

장애인 이동권 보장을 위해 힘쓴 국회의원

국회의원 선거에 출마하고 싶은 사람들은 자신이 소속한 당에서 후보로 추천받아야 해요. 이를 '공천'이라고 해요. 서민주 씨도 공천을 받기 위해 심사를 받으러 갔어요. 의사인 서민주 씨는 장애인 이동권 법률 제정에 관심이 많아요. 지난여름 일어난 휠체어 리프트 추락 사고 소식을 듣고는 마음이 더 움직인 거예요.

> 국민의 소리에 귀 기울이는 게 국회의원의 할 일!

서민주 씨는 결국 국회의원에 당선되었어요. 그래서 관심 있던 정책인 '장애인 이동권 보장법'에 대해 심혈을 기울여 일을 추진했어요. 장애인들이 모든 교통수단을 무료로 자유롭게 이동할 수 있는 교통증을 발급하는 것, 활동 보조인이 필요하면 24시간 도움을 줄 것, 모든 지하철역에 교통 약자를 위한 엘리베이터를 설치하는 것 등을 중심으로 법안을 통과시키기 위해 노력했어요.

이렇게 교통 약자를 위해 노력하는 이유는 대중교통을 이용할 자유, 즉 이동권이 보장되지 않으면 교육, 문화, 노동, 관계로부터도 소외된다는 것을 잘 알기 때문이지요. 결국 장애인 이동권 보장법은 많은 사람의 찬성으로 통과되었어요. 장애인 특별 위원회 구성도 함께 추진하기로 했지요.

이렇게 서민주 의원은 하고자 했던 일을 하며 국회의원으로서 한걸음씩 나아갔어요. 일 년 동안 열심히 일한 서민주 의원은 민주 정치가 무엇인지 배우며, 더 나은 민주 국가를 위한 일이 무엇인지 계속 고민하고 있어요.

국회의원 서민주, 바쁘다 바빠! 안점옥 글, 유설화 그림 | 사계절 | 2014

국회의원이 되는 과정부터 국회의원이 하는 일까지, 가상 인물 서민주 의원을 통해 조목조목 알려 줘요. 정치를 알려 주는 책이니 만큼 다소 어려운 용어가 많지만, 재미있는 만화와 함께 천천히 읽다 보면 쉽게 이해할 수 있어요.

라온쌤 뉴스 제23호   키워드 #교통 약자 #장애인

여전히 해결되지 않은 교통 약자의 안전 문제

최근 한 지하철역에서 장애인이 휠체어 리프트가 고장 나며 다치는 사고가 발생해 사회적 관심이 쏠리고 있다. 휠체어를 이용하던 해당 장애인은 리프트가 제대로 작동하지 않아 안전하게 내리지 못했고, 결국 넘어지면서 다치고 말았다. 당시 리프트는 멈췄다가 갑자기 움직이는 등의 불안정한 움직임을 보였고, 주변에 도움을 요청할 직원도 없었던 것으로 알려졌다.

이번 사고는 교통 약자들이 이동 과정에서 겪는 불편함과 위험성을 다시 한번 드러낸 사례다. 우리 주변에는 장애인을 위한 시설이 많이 마련되어 있는 것처럼 보이지만, 평소 관리가 부실하거나 고장이 잦은 경우가 많다. 사고가 난 역에도 휠체어 리프트가 설치되어 있었지만, 정기적인 점검이 제대로 이루어지지 않았다. 이용자가 많지 않다는 이유로 점검이 뒷전으로 밀리면서, 결국 한 사람의 안전이 위협받는 일이 벌어진 것이다.

장애인을 위한 시설들을 잘 관리해 주세요!

이 사고를 계기로 시민들 사이에서는 교통 약자를 위한 안전 시설을 더욱 철저하게 관리해야 한다는 목소리가 높아지고 있다. 특히 장애인, 고령자, 임산부 등 시민들의 이동권을 보장하고 시설을 안전하게 관리하는 것은 국민의 기본권에 대한 문제라는 인식도 퍼지고 있다. 전문가들은 버스, 장애인 택시, 지하철 등 모든 교통 수단에 체계적인 점검 시스템과 장애인을 위한 안내 인력을 배치해야 한다고 강조한다.

🔍 어휘 톡톡

- **교통 약자** 움직이거나 이동하는 데 어려움을 겪는 사람들
- **이동권** 누구나 어디든 자유롭고 안전하게 이동할 수 있는 권리
- **인력** 일을 할 수 있는 사람이나 사람의 노동력

 《국회의원 서민주, 바쁘다 바빠!》는 어떤 책일까?

'공천'이란 무엇인가요?

서민주 의원이 추진한 '장애인 이동권 보장법'의 내용 중 한 가지만 써 보세요.

기사를 읽은 후에 알게 된 것은?

지하철 휠체어 리프트 사고가 일어난 원인은 무엇인가요?

전문가들은 교통 약자의 이동권을 보장하기 위해 어떤 조치가 필요하다고 이야기하나요?

 **책과 기사를 읽은 후 하고 싶은 말**

우리나라 장애인 중 대부분은 대중교통을 이용하기 어려운 교통 약자예요. 장애인이 대중교통을 지금보다 더 안전하게 이용하기 위해 어떤 방안이 마련되어야 할지 써 보세요.

 **내 안의 생각 끌어내기**

교통 약자의 이동권 보장이 제대로 이루어지도록 하려면, 우리가 어떤 인식을 가져야 할지 생각한 후 써 보세요.

　　의사의 신분으로 국회의원이 되어 여러 정책과 일을 추진하기까지 서민주 의원의 모습이 잘 나타난 이 책을 읽다 보면, 가상 인물이지만 이렇게 진심으로 사회를 위하는 모습에 감사한 마음이 들어요. 모범적인 국회의원의 모습을 보는 것 같거든요. 이 책을 읽고 국회의원이 해야 할 일과 국회의원에게 꼭 필요한 자질은 무엇인지 생각해 보면 좋겠어요.

정치·경제 하루 한 장 초등 필독서

교과 연계 : 5-1 사회_인권 보장과 헌법   난이도 ★★★★★

나라와 국민을 지키는
최고의 법, 헌법

이 책은 헌법이 무엇인지, 왜 생겼는지, 우리나라 헌법의 역사는 무엇인지부터 시작해서 다른 나라들의 헌법은 어떤 내용을 담고 있는지까지 알려 줘요. 나아가 헌법 전문을 보여 주며 헌법에 담긴 국민의 의무와 권리 등을 이야기하지요.

헌법은 나라의 새 틀을 짜면서 그 나라 사람들이 어떻게 살아가야 할지를 정한 기본 약속이에요. 사람들끼리 갈등이 생기면 공평하게 재판을 해야 하지요. 이때 정확한 근거가 있어야 하는데, 이 근거와 기준이 바로 헌법이에요.

헌법은 나라의 기본을 정하는 최고의 법이야.

헌법 전문은 '헌법 조문 앞에 있는 글'이라는 뜻이에요. 전문에는 대한민국의 역사와 우리 민족의 목표가 담겨 있어요. 헌법 제1조 1항은 '대한민국은 민주 공화국이다'로, 국민 주권의 원리에 대해 나와요. 대한민국 헌법은 1948년 처음 만들어진 이후 아홉 번이나 바뀌었어요. 문제는 권력자의 마음에 따라 바뀌었다는 거예요. 이승만 대통령은 대통령직을 더 수행하기 위해서 헌법을 바꾸었고, 박정희 대통령도 헌법을 고쳐 가며 18년 동안 대통령의 자리에 있었지요. 지금 우리 헌법은 1987년에 개정한 법이에요.

작가는 이 책을 마무리하며 헌법이 대한민국 최고의 법이지만 모든 것은 아니라고 강조해요. 법은 국민을 위해 존재해야 하며 국민을 억압하는 수단이 되어서는 안 된다고 하지요. 헌법 자체도 중요하지만, 더 중요한 것은 권력자들이 헌법을 자기들의 입맛대로 해석하고 악용하지 않는 거예요. 그러기 위해 우리 국민이 잘 지켜보아야 할 거예요.

헌법을 읽는 어린이 임병도 글, 윤지회 그림 | 사계절 | 2017

헌법이란 무엇인지, 세계 여러 나라에는 어떤 법이 있는지 어린이의 눈높이에 맞춰 설명한 책이에요. 재미있는 그림과 구체적인 설명이 복잡하게 느껴지는 헌법 관련 내용을 쉽게 전달해요. 무엇보다 우리나라 헌법 전문과 헌법에 나온 국민의 의무 등에 대해 자세히 알 수 있답니다.

라온쌤 뉴스 제24호   키워드 #탄핵 #대통령

대통령 탄핵, 헌재 전원일치로 파면 결정

2025년 4월 4일, 헌법 재판소는 윤석열 대통령에 대한 탄핵 심판에서 재판관 8명 전원의 일치된 의견으로 국회의 탄핵 요청을 받아들여, 대통령을 직위에서 파면하기로 결정했다. 이로써 윤 대통령은 대한민국 헌정 사상 두 번째로 탄핵에 의해 파면된 대통령이 되었다.

헌법 재판소는 윤 대통령이 2024년 12월 3일 국회에 대한 계엄령을 선포하고, 군과 경찰을 동원하여 국회의 권한 행사를 방해한 행위가 헌법과 법률을 중대하게 위반한 것으로 판단하였다.

또한 계엄 선포 과정에서 절차적 정당성을 무시하고, 정치적으로 반대 입장에 있는 세력의 활동을 제한하는 명령을 널리 알린 점, 중앙 선거 관리 위원회에 대한 불법적으로 압수 수색을 지시한 점 등이 탄핵 사유로 지적되었다.

헌법 재판소는 이 같은 행위가 국민 주권주의와 민주주의 원칙을 심각하게 훼손했으며, 대통령으로서 헌법을 지켜야 하는 의무를 위반한 중대한 일이라고 판단했다. 이번 판결은 헌법 재판소가 대한민국 민주주의 질서를 지키고, 대통령이라 할지라도 헌법 위에 있을 수는 없다는 원칙을 다시 한번 분명히 한 사례로 평가받고 있다.

탄핵 이후 60일 이내에 대통령 후임자를 선출해야 한다는 헌법 제68조 제2항에 따라 6월 3일 제21대 대통령 선거가 치러졌다.

대통령이라도 헌법 위에 있을 수 없다는 사실!

🔍 어휘 톡톡

- **파면** 맡고 있던 중요한 직책에서 강제로 물러나게 하는 것
- **계엄령** 국가에 위기가 생겼을 때 군대가 치안을 담당하도록 하는 특별한 명령
- **정당성** 이치에 맞는 옳고 정의로운 성질

 **《헌법을 읽는 어린이》는 어떤 책일까?**

헌법 전문에는 어떤 내용이 담겨 있나요?

헌법 제1조 1항을 써 보세요.

 **기사를 읽은 후에 알게 된 것은?**

2025년 4월 4일, 헌법 재판소는 어떤 결정을 내렸나요?

헌법 재판소가 윤석열 대통령을 파면한 주된 이유는 무엇인가요?

 **책과 기사를 읽은 후 하고 싶은 말**

헌법 재판소가 대통령을 파면한 이유는 '헌법을 지키지 않았기 때문'이었어요.
나라를 이끄는 사람이 반드시 갖춰야 하는 마음가짐이 무엇인지 써 보세요.

 **내 안의 생각 끌어내기**

우리 사회에 헌법이 필요한 이유는 무엇일까요?
만약 헌법이 없다면 우리의 삶이 어떻게 달라질지 상상해 써 보세요.

 **라온쌤의 책 속으로**

　법이 없다면 이 세상은 힘에 의해 지배될 거예요. 역사에서 숱하게 겪었던 일이지요. 그래서 헌법이 필요하고 우리는 그것을 지키며 살아가기 위해 노력해야 해요. 여러분이 교실 안에서 규칙을 지키고, 친구 사이의 약속을 지키듯 말이에요. 이 책을 읽고 헌법이 왜 필요한지, 법을 어기는 일이 왜 서로를 힘들게 하는지 생각해 보면 좋겠어요. 우리가 어렵게 찾은 민주주의를 지켜내는 일과 헌법의 관계에 대해서도 말이에요.

"시장과 마트, 어디가 더 좋아?"

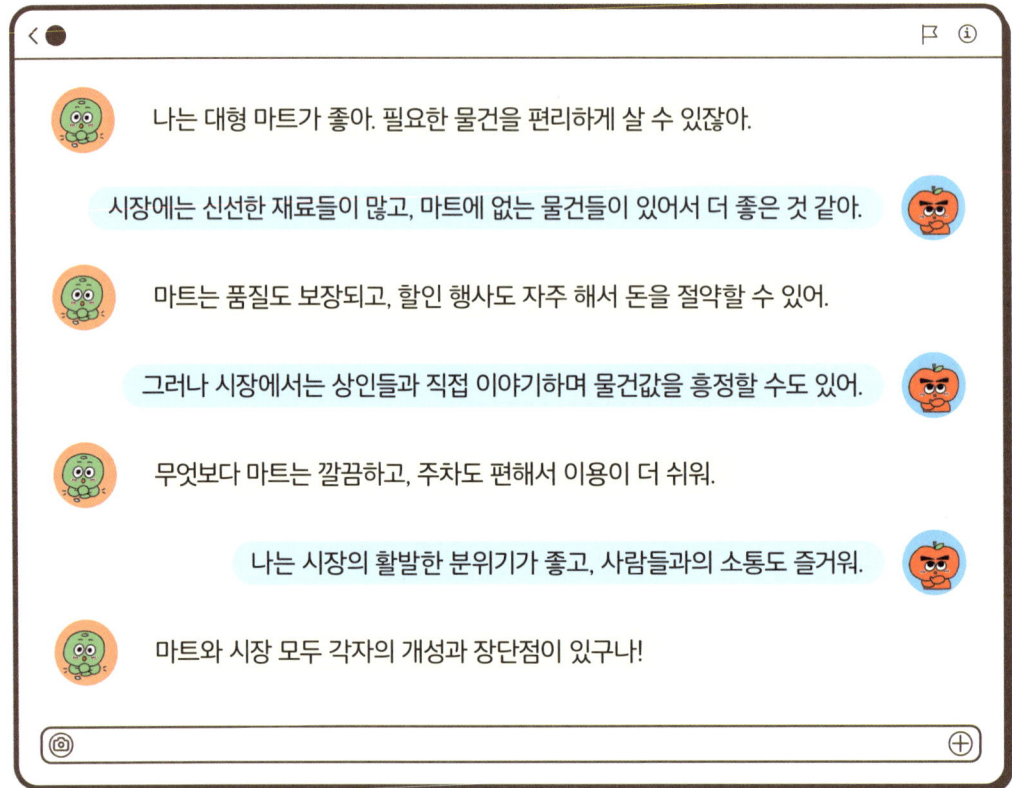

- 나는 대형 마트가 좋아. 필요한 물건을 편리하게 살 수 있잖아.
- 시장에는 신선한 재료들이 많고, 마트에 없는 물건들이 있어서 더 좋은 것 같아.
- 마트는 품질도 보장되고, 할인 행사도 자주 해서 돈을 절약할 수 있어.
- 그러나 시장에서는 상인들과 직접 이야기하며 물건값을 흥정할 수도 있어.
- 무엇보다 마트는 깔끔하고, 주차도 편해서 이용이 더 쉬워.
- 나는 시장의 활발한 분위기가 좋고, 사람들과의 소통도 즐거워.
- 마트와 시장 모두 각자의 개성과 장단점이 있구나!

 시장과 마트를 모두 가 보았나요? 시장과 마트의 장단점을 떠올려 보고, 여러분은 어디가 더 좋은지 그 이유와 함께 써 보세요.

"내가 가장 좋아하는 음식은 뭐지?"

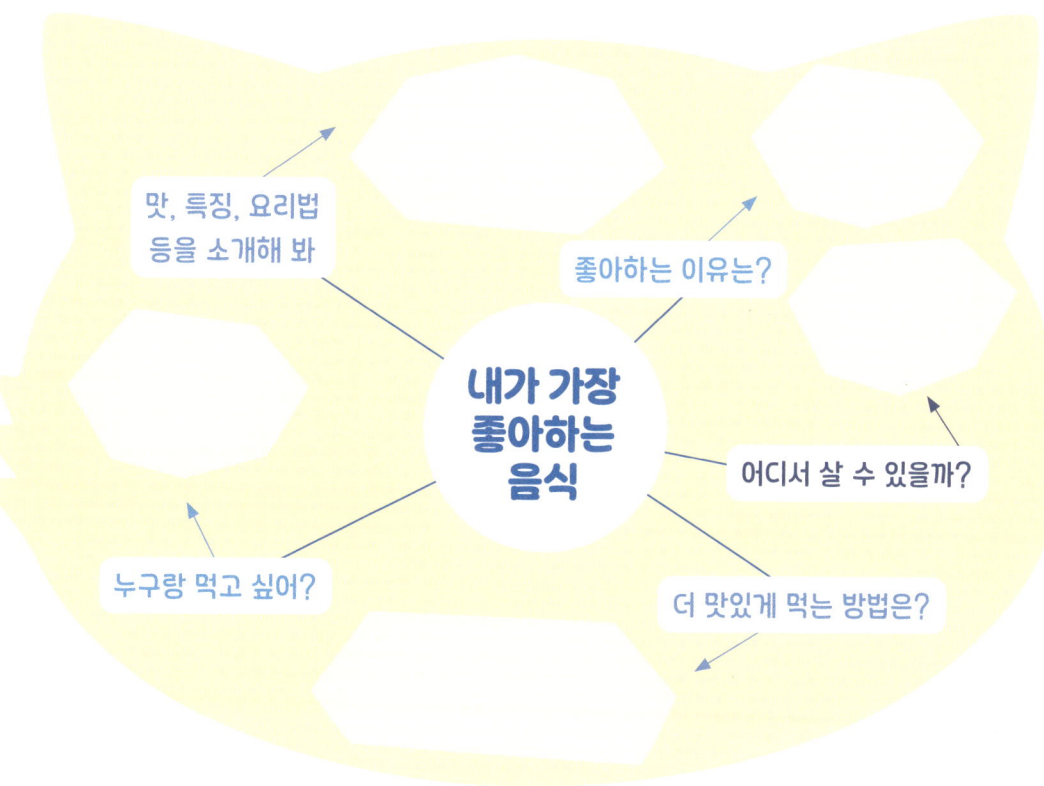

 가장 좋아하는 음식은 무엇인가요?
마인드맵을 작성 후 그 이유와 함께 써 보세요.

4장
문화·인물
Book & News

> 문화·인물 책의 특징은 무엇일까요?

다양성 속에서 함께 성장하는 우리

문화는 한 사회나 집단 사람들이 공유하는 고유한 생활 방식 전체를 말해요. 언어, 음식, 옷, 종교, 예술, 풍습, 가치관 등 눈에 보이는 것부터 보이지 않는 것까지 다양하지요. 문화는 세대를 거쳐 이어지는데 환경이나 상황에 따라 변하기도 해요.

인물은 역사 속에서 특별한 업적을 남기거나 사회에 큰 영향을 준 사람들을 말해요. 과학 기술 발전에 기여한 과학자, 예술 분야에서 뛰어난 작품을 창작한 예술가, 사회 운동을 통해 변화를 이끈 혁명가 등 다양한 분야의 인물들이 우리 사회 발전에 중요한 역할을 해 왔어요.

이런 문화와 인물에 대한 이야기를 조목조목 담아 놓은 것이 문화책, 인물책이랍니다. 인물 중에서는 문화에 영향을 준 사람도 많아 '문화 인물'은 하나의 분류로 묶이기도 해요.

문화·인물 책은 왜 읽어야 할까요?

우리에게 익숙한 문화뿐만 아니라 낯선 문화를 이해하고 존중하는 마음을 기르는 것은 글로벌 시대의 중요한 역량이에요. 서로 다른 문화적 배경을 가진 사람들과의 소통과 협력을 통해 더욱 풍요로운 사회를 만들어 갈 수 있어요.

또한, 역사 속 위대한 인물들의 삶 이야기를 통해 용기, 지혜, 리더십 등 다양한 가치를 배우고, 자기 삶에 도움을 받을 수 있지요. 그들의 성공과 실패 사례를 통해 우리는 삶의 어려움을 극복하고 목표를 향해 나아가는 힘을 얻기도 해요.

어떤 점에 중점을 두어 읽어야 할까요?

　이 사람은 왜 이런 선택을 했을까? 이 당시 문화는 어떤 역사적 배경과 가치관에서 비롯되었을까? 이와 같은 질문을 던지며 다양한 문화와 인물의 이야기를 깊이 있게 탐구해 보세요. 나와 다른 문화적 배경을 가진 사람들의 입장에서 생각해 보는 연습을 하면 타인에 대한 이해와 공감 능력을 키울 수 있어요.

　또한, 위대한 인물들의 삶을 보고 그들의 업적이 현재 우리 사회에 어떤 영향을 미치고 있는지 생각해 보는 것도 의미 있는 일이에요. 나와 다른 점뿐만 아니라 닮은 점을 찾아보는 것도 중요해요. 겉모습은 다를지라도 인간으로서 생각하고 느끼는 것은 비슷하니, 그런 점을 찾는다면 이 세상을 이해하는 데 많은 도움이 될 거예요.

이런 질문을 해 봐요

문화는 왜 나라마다 다를까?
나라마다 언어가 왜 다를까?
어떤 가치가 있는 것이 문화재로 지정될까?
전통을 지키는 게 왜 중요할까?
한 인물이 세상을 바꿀 수 있을까?
우리는 왜 역사 속 인물을 알아야 할까?
음식 문화는 어떻게 생겨났을까?
사람들은 왜 축제를 열까?
왜 서로의 문화를 이해하려고 노력해야 할까?

유명한 인물은 어떤 점이 특별할까?
인물의 결정은 왜 큰 영향을 주었을까?
문화는 왜 시간이 지나면 바뀔까?
전통 놀이는 왜 줄어들고 있을까?
다른 문화는 왜 흥미롭고 신기할까?
차이를 이해하면 어떤 점이 좋을까?
한 사람의 꿈은 어떻게 세상을 바꿀 수 있었을까?
우리는 왜 다른 문화권 친구를 존중해야 할까?
내가 속한 문화는 어떤 것들일까?

노동에 시달리는 제삼 세계 아이들

아프리카에 사는 소녀인 아미나타는 집이 가난하여 다른 지역에 가정부로 팔려 가요. 주인인 라쥬 아주머니는 아미나타에게 혹독하게 일을 시키지요. 매일 먼 거리까지 가서 물을 떠오라고 하고, 힘든 집안일을 모두 아미나타에게 맡겨요. 월급도 주지 않으면서 말이에요.

알스하드는 낙타몰이꾼이에요. 납치되어 온 아이들은 보통 낙타몰이꾼이 돼요. 낙타몰이를 하는 아이들은 몸무게가 가벼워야 해서 억지로 굶어야 합니다. 게다가 낙타를 타다 떨어지면 다치거나 죽기도 해요. 음식을 잘 못 먹으니 잘 자라지도 못해요.

시에라리온에서는 사람들을 부추겨 반군을 만들고 내전을 일으켜요. 그러고는 반군을 조종해서 다이아몬드 광산을 차지하지요. 그 과정에서 아이들이 소년병으로 끌려갑니다. 소년병이 된 아이들은 세뇌 교육을 받고, 약물 중독이 된 채로 남을 죽이는 일을 해요.

우즈베키스탄에는 목화를 따는 아이들이 있어요. 우즈베키스탄은 주 수입원인 목화를 재배하기 위해 각 주마다 생산해야 하는 목표량을 정해 줘요. 그것을 못 채우면 불이익을 주기 때문에 각 주는 아이들까지 노동에 동원시켜요.

그 밖에도 부모가 진 빚 때문에 팔려 가는 소녀들, 쓰레기 매립장에서 살아가는 소녀들, 심하게 매를 맞으며 일하는 카카오 농장의 아이들 등 인권을 유린당하며 힘들게 살아가는 개발도상국 아이들의 이야기가 실려 있어요.

넌 네가 얼마나 행복한 아이인지 아니?
조정연 글, 이경석 그림 | 와이즈만북스 | 2014

가봉, 아랍 에미리트, 아프가니스탄, 케냐 등 아시아, 아프리카, 중남미의 개발도상국에서 노동에 시달리거나 부모의 빚 때문에 팔려 나가는 아이들, 가난 속에서 허우적대는 아이들의 이야기예요.

라온쌤 뉴스 제25호 키워드 #어린이 인권 #아동 노동

유튜브에 나오는 아이, 혹시 아동 노동?

내 생활이 많은 사람에게 알려지는 게 불편해!

 유튜브가 많은 이의 일상이 되면서, 어린이가 등장하는 콘텐츠도 심심찮게 볼 수 있다. 귀여운 아이의 일상이나 장난감 리뷰, 가족 여행 브이로그 등은 많은 조회 수를 기록하며 광고 수익도 함께 오르고 있다. 그러나 이렇게 화면 속 주인공이 되는 아이들의 활동이 과연 단순한 놀이인지, 아니면 노동에 해당하는지에 대해서 우려하는 목소리가 나오고 있다.

 실제로 유명한 한 가족 유튜브 채널은 어린아이가 등장하는 영상을 여러 편 촬영하고, 상품 광고를 직접 설명하는 장면을 반복적으로 올렸다. 아이는 카메라 앞에서 긴 시간 말을 해야 했고, 여러 번 같은 장면을 다시 촬영하는 모습도 브이로그처럼 공개되었다. 해당 채널은 상당한 구독자 수를 보유하고 있고, 많은 수익을 올리고 있지만, 아이의 권익은 과연 보호받고 있는 것인지에 대해 의문을 던지는 사람들이 많아지고 있다.

 간혹 온종일 아이를 향해 카메라를 켜고 있으면, 아이가 스트레스를 받지는 않는지, 거리에서 알아보는 사람들 때문에 아이의 피로도가 올라가는 것은 아닌지 염려하는 댓글도 종종 달린다. 특히 아직 유튜브가 무엇인지 잘 모를 나이의 아이들이 자신들의 의사와 상관없이 얼굴과 일상이 모두 노출되는 것에 대해 부정적인 입장을 보이는 사람들도 있다. 아이가 스스로 원했다고 해도 아직 판단력이 부족할 수 있다는 점을 문제 삼기도 한다.

 아동의 권익 보호를 위해 시청자들 또한 콘텐츠를 소비하지만 말고, 영상 속 아이의 권리와 감정을 돌아봐야 한다.

어휘 톡톡

- **권익** 당연히 누려야 할 권리와 그로 인해 얻는 좋은 것들
- **노출** 겉으로 드러남, 또는 숨겨져 있던 것이 밖으로 보이게 됨

《넌 네가 얼마나 행복한 아이인지 아니?》는 어떤 책일까?

아프리카에 사는 아미나타는 어떤 상황에 처해 있나요?

우즈베키스탄에서는 왜 아이들까지 목화 생산에 참여시키나요?

기사를 읽은 후에 알게 된 것은?

아이를 유튜브에 출연시키는 일을 아동 노동으로 볼 수 있는 이유를 한 가지만 써 보세요.

아이가 원했다고 해도 아이의 일상이 고스란히 유튜브에 노출되는 게 문제인 이유는 무엇인가요?

 **책과 기사를 읽은 후 하고 싶은 말**

세계 여러 나라에서 아직도 많은 어린이가 위험한 일이나 힘든 노동을 하고 있어요.
우리 사회가 이 아이들에게 어떤 도움을 줄 수 있을지 그 방법을 생각한 후 써 보세요.

 **내 안의 생각 끌어내기**

어릴 적 나의 일상이 모두 유튜브에 올라가 있다면, 좋은 점과 나쁜 점은 무엇일지 써 보세요.

라온쌤의 책 속으로

이 책은 여행 작가 조정연 씨가 세계를 돌아다니다가, 개발도상국에서 힘들게 살아가는 아이들을 보고 취재하여 쓴 책이에요. 오래전에 출간되었지만, 아직도 사람들에게 경각심을 불러일으킬 만한 내용을 담고 있어요. 누군가는 부모의 사랑 속에서 편안하게 지내지만, 누군가는 어른도 견디기 힘든 노동이나 가난을 겪으며 살아남기 위해 애써요. 국제 사회가 이런 아이들을 위해 어떤 노력을 해야 할지 많은 고민이 필요한 문제랍니다.

전 세계 사람들을 위해 바쁘게 움직이는 국제기구

국제기구는 세계 화합과 행복을 위해 일해!

국제 사회에는 세계의 번영을 도모하고 문제를 해결하기 위한 다양한 국제기구가 있어요. 평화와 협력을 위해 일하는 기구부터, 경제 발전을 위한 기구, 스포츠와 건강을 위한 기구, 인권 보호를 위한 기구까지 매우 다양하지요.

'유엔'은 국제 평화와 안전 유지를 위해 창설되었어요. 유엔에는 총회, 신탁 통치 이사회, 안전 보장 이사회, 사무국, 국제 사법 재판소, 경제 사회 이사회와 같은 기관이 있어요. '유네스코'라고 불리는 유엔 교육과학문화기구는 인류의 발전에 기여하는 과학, 세계 문화유산의 보호와 문화 발전을 위해 일해요. '유럽 연합'은 유럽 대륙에 속한 나라들끼리 서로 뭉쳐서 잘 살기 위해 창설되었어요.

국제 원자력 기구는 세계 평화와 발전에 힘을 쏟아요. 개발도상국 등에서 전력을 생산하기 위한 목적으로 원자력을 이용할 때 지원해 주는 곳으로, 군사 목적으로 원자력을 이용하는 것을 방지하는 일도 한답니다. '국제 통화 기금'은 환율과 국제 수지를 안정적으로 유지하게 해서 모든 나라가 경제 성장을 하도록 도와요. '세계 무역 기구'는 국가 간에 물건을 사고팔 때 관리, 감독하는 기구랍니다. '빅3'라고 불리는 세 개의 국제기구가 있는데 '유엔, 국제 통화 기금, 세계 은행'이에요. '국제 올림픽 위원회'는 올림픽 개최와 관련된 일을 해요. 올림픽 심벌인 오륜은 아시아, 아프리카, 유럽, 아메리카, 오세아니아 대륙을 상징하지요. 이처럼 다양한 국제기구에 대해 알아볼 수 있답니다.

세계를 움직이는 국제기구 박동석 글, 전지은 그림 | 봄별 | 2015

세계 각국의 갈등과 문제를 해결하기 위해 만들어진 국제기구들의 역할을 소개하는 책이에요. 국제기구들의 이름, 역할, 세워진 목적, 가입한 나라 등에 대해서 알려 주며, 글로벌 리더를 꿈꾸는 어린이들에게 넓은 시야와 비전을 제시하는 길잡이가 되어 줘요.

라온쌤 뉴스 제26호　　　　　　　　　　　　키워드 #IPIE #블록

새로운 국제기구들의 탄생

　새로운 국제기구들이 하나둘 생겨나고 있다. 감염병, 거짓 정보, 기후 위기, 해킹 같은 문제들이 점점 복잡해지고 있기 때문이다. 이와 같은 문제들은 한 나라가 혼자서 해결하기 어려워, 여러 나라가 힘을 모아 함께 대처할 수 있는 기구가 필요하다.

　2023년, 스위스에서는 '국제 정보 환경 패널(IPIE)'이 설립되었다. 이 기구는 전 세계 55개국의 과학자와 전문가들이 모여 만든 단체로, 인공지능(AI), 소셜 미디어, 기후 정보 등과 관련된 거짓 정보 문제를 다루고 있다. 예를 들어, AI가 만들어 낸 가짜 뉴스나 기후 변화에 대한 잘못된 정보가 퍼지는 것을 막기 위한 연구를 진행한다. 사람들이 정확한 정보를 바탕으로 생각하고 결정할 수 있도록 돕는 것이 이 기구의 설립 목적이다.

　2024년에는 튀르크 스카우트 '블록'이라는 새로운 청소년 국제기구도 생겨났다. 아제르바이잔, 카자흐스탄, 튀르키예 등 튀르크계 나라들이 함께 만든 이 조직은 각국 청소년이 문화와 활동을 나누며 우정을 쌓을 수 있도록 돕는다. 이 기구는 앞으로 더 많은 나라가 참여할 수 있도록 활동 범위를 넓힐 예정이다.

　이처럼 새로운 국제기구들이 생겨나는 것은 지금 우리가 살아가는 세상이 과거보다 훨씬 복잡하고 빠르게 변하고 있기 때문이다. 전염병, 정보 왜곡, 환경 문제는 어느 한 나라만의 문제가 아니며, 전 세계가 함께 해결해야 할 과제이다.

　국제기구는 각 나라가 손을 잡고 함께 지혜를 모으기 위한 장치이며, 인류가 더 나은 미래를 향해 나아갈 수 있는 중요한 기반이 된다.

여러 나라가 힘을 모아 문제를 해결합니다!

어휘 톡톡

- **소셜 미디어** 사람들이 인터넷으로 글, 사진, 영상을 올리고 서로 소통하는 온라인 공간
- **왜곡** 사실을 다르게 바꾸거나 비뚤게 전달하는 것

 《세계를 움직이는 국제기구》는 어떤 책일까?

유엔은 어떤 목적으로 창설되었나요?

'국제 통화 기금'은 어떤 일을 하는 기구인가요?

기사를 읽은 후에 알게 된 것은?

'국제 정보 환경 패널'은 어떤 일을 하는 기구인가요?

최근 새로운 국제기구들이 생겨나는 이유는 무엇인가요?

 **책과 기사를 읽은 후 하고 싶은 말**

살기 좋은 세상을 만들기 위해 앞으로 어떤 국제 기구가 필요할까요?
주변에서 일어나는 문제를 잘 살펴보고, 꼭 필요하다고 생각하는 국제기구를 상상으로 만들어 그 기관의 하는 일을 써 보세요.

 **내 안의 생각 끌어내기**

지금 있는 국제기구 중 여러분은 어떤 곳에서 일 하고 싶나요? 그 이유와 함께 써 보세요.

　　지구촌이라는 말이 있어요. 전 세계를 하나의 마을로 본다는 뜻이지요. 지금은 통신과 교통의 발달로 세계가 무척 긴밀하게 연결되어 있다 보니 그만큼 많은 문제가 생겨난답니다. 이 책에서 소개하는 국제기구와 그들이 하는 일에 대해 생각하다 보면 이 지구상의 문제가 얼마나 복잡하게 얽혀 있는지도 알게 될 거예요.

세계에 퍼져 있는 다양한 종교 이야기

할아버지의 장례를 계기로 종교에 관심을 갖게 된 주인공 하나는 서로 다른 방식으로 제사를 지내려는 가족을 보며 종교에 대해 궁금증을 품게 돼요. 우연히 만난 김나미 아줌마와의 인연을 통해 하나는 여러 종교에 대한 이야기를 듣기 시작해요.

인간은 태어날 때부터 종교를 믿기 시작했어요. 원시 시대의 종교는 먹을 것을 얻는 일과 자연으로부터 피해를 적게 입는 것 등 지금 당장 복을 구하는 것이 특징이었어요.

우리가 사는 세계에 종교가 여러 가지인 까닭은 종교가 기후와 환경의 영향을 많이 받기 때문이에요. 사는 곳의 특성에 따라 믿는 종교가 달라지고, 종교에 따라 생활 습관이나 생활 방식도 달라요.

세계 5대 종교로는 불교, 그리스도교, 이슬람교, 힌두교, 유대교가 있어요. 불교는 미국과 유럽까지 전파되었으며, 신자는 약 3억 명 정도로 동아시아 최대의 종교라고 할 수 있어요. 그리스도교는 세계 각지에 퍼진 종교로 10억 명이 넘는 사람들이 믿어요. 이슬람교는 중동 지방에 특히 많아요. 세계 58개국이 이 종교를 국교로 정하고 있고, 신도 숫자가 12억 명이나 돼요. 힌두교는 주로 인도에서 많이 믿어요. 유대교를 따르는 대표적인 나라로는 이스라엘이 있어요. 세계 대표 종교에 속하지는 않지만 세상에는 천도교, 원불교, 대종교 등 여러 종교가 있답니다.

각 종교마다 생활 습관이나 생활 방식이 달라요.

김나미 아줌마가 들려주는 세계 종교 이야기

김나미 글, 조위라 그림 | 토토북 | 2005

어린이들이 다양한 종교를 쉽게 이해할 수 있도록 돕는 책이에요. 그리스도교, 이슬람교, 불교 등 주요 종교의 역사와 가르침, 예배 방식, 본질에 대한 이야기를 그림과 함께 재미있게 설명해요.

라온쌤 뉴스 제27호   키워드 #종교의다양성 #문화적차이

종교의 다양성을 인정할 때

최근 대구에서는 이슬람 사원 건립을 둘러싸고 주민들과 이슬람 신자들 사이에 갈등이 일었다. 이슬람 신자들이 기도할 수 있는 예배 공간을 마련하려 하자, 인근 주민들이 소음과 문화 차이를 이유로 반대하고 나선 것이다. 이 갈등은 단순한 건축 허가를 넘어, 우리가 다른 종교를 어떻게 받아들이고 있는지를 돌아보게 하는 문제다.

우리 사회에는 다양한 종교를 믿는 사람들이 함께 살아가고 있다. 불교, 그리스도교, 천주교, 이슬람교, 힌두교, 유대교뿐만 아니라 천도교, 원불교, 대종교 등 여러 종교가 공존하고 있다. 이들 종교는 각기 다른 기후와 지역적 특성 속에서 생겨나 오랜 시간 동안 사람들의 생활 방식과 문화를 만들어 왔다. 종교는 단지 믿음의 영역이 아닌, 삶의 방식 전체에 깊숙이 연결된 것이다.

문제는 이러한 차이가 때때로 오해와 편견을 낳는다는 점이다. 무슬림의 기도 소리를 시끄럽다고 느끼는 사람도 있고, 힌두교나 불교의 특정 의식을 낯설게 여기는 이들도 있다. 하지만 종교는 오랜 역사 속에서 누군가에게는 두려움을 달래며 희망이 되어 주기도 하는 삶의 일부이기도 하다.

세계 각국은 이러한 종교적 다양성을 인정하고, 함께 살아갈 방법을 찾고 있다. 종교의 자유가 헌법에 명시된 나라도 있다. 서로 다른 종교를 이해하지는 못해도 배척해서는 안 될 것이다.

서로의 종교를 존중하는 마음이 필요해요!

어휘 톡톡
- **신자** 어떤 종교를 믿고 따르며, 그 종교의 예배나 규칙을 지키는 사람
- **배척** 싫어하거나 받아들이지 않고 멀리함
- **명시** 분명하고 똑똑하게 나타내어 씀

 《김나미 아줌마가 들려주는 세계 종교 이야기》는 어떤 책일까?

세계 5대 종교는 무엇인가요?

우리가 사는 세상에 종교가 여러 가지인 까닭은 무엇인가요?

기사를 읽은 후에 알게 된 것은?

이슬람 사원 건립을 둘러싸고 주민들과 무슬림 신자들 사이에 갈등이 벌어진 이유는 무엇인가요?

종교가 단지 믿음의 영역이 아닌 삶의 방식인 이유는 무엇인가요?

 **책과 기사를 읽은 후 하고 싶은 말**

우리가 믿는 종교가 서로 다르더라도 함께 잘 살아가기 위해 필요한 자세에 대해 써 보세요.

 **내 안의 생각 끌어내기**

여러분도 종교가 있나요? 자신의 종교를 소개하고 종교가 자기 삶에 미치는 영향에 대해 써 보세요. (만약 종교가 없다면 관심 있는 종교에 대해서 알아보세요.)

    종교는 세상과 인간의 존재에 대한 다양한 질문의 답을 찾는 과정에서 생겨났어요. 이때 답이 한 가지로 정해져 있지 않고, 사람에 따라 생각하는 것이 다르기 때문에 여러 종교가 생겨난 거예요. 하지만 인류는 아주 오래전부터 나와 다른 생각을 이해하지 못해 크고 작은 종교적 갈등을 빚어 왔어요. 이처럼 다른 종교를 무조건 이해하기는 쉽지 않겠지만, 이 책을 읽다 보면 종교에 대해 조금은 더 알게 되고, 이해의 폭이 넓어진답니다.

문화·인물 하루 한 장 초등 필독서

교과 연계 : 6-2 국어_정보와 표현 판단하기   난이도 ★★★☆☆

세상의 지식과 권리는 법으로 지키자!

같은 반 친구인 경태와 재민, 보람은 선생님이 내주신 독서 기록장 숙제를 30분 만에 하는 법을 알았어요. 바로 인터넷에 올라온 독서 기록장 내용을 베끼는 방법이지요. 하지만 모두 똑같은 내용을 낸 셋은 결국 선생님에게 혼쭐이 나고 말아요. 그러면서 '지식 재산권'에 대해서 알게 된답니다.

이 세상에는 수많은 지식이 있어요. 누군가가 지식을 활용해서 무언가를 만들었을 때, 그 기술과 만들어 낸 물건에 대한 권리를 갖는 것을 '지식 재산권'이라고 해요. 지식 재산권에는 산업 재산권, 저작권, 신지식 재산권이 있어요.

'산업 재산권'은 발명이나 디자인, 상표처럼 산업 활동과 관련된 창의적인 아이디어를 보호해 주는 권리예요. 예를 들면, 누군가가 새로운 기계를 발명하면 그 아이디어를 다른 사람이 함부로 사용하지 못하게 막아 주는 것이지요. '저작권'은 책, 그림, 음악, 영화처럼 창작한 작품을 보호해 주는 권리예요. 내가 쓴 글이나 만든 노래를 다른 사람이 허락 없이 쓰지 못하게 해 줘요. '신지식 재산권'은 새로운 기술이나 정보, 아이디어 등과 같이 눈에 보이지 않지만 가치 있는 것을 보호하는 권리예요. 디지털 콘텐츠, 소프트웨어, 데이터베이스 같은 것들을 말해요.

'특허권'은 새로 만든 기술, 발명품, 기계의 권리가 자신의 회사에만 있다는 것을 인정받는 것이에요. 이 권리를 법으로 인정해 주는 기관을 '특허청'이라고 하지요.

어린이 저작권 교실 임채영 글, 김명진 그림, 정은주 감수 | 산수야 | 2021

나와 타인의 소중한 저작권을 보호하기 위해 우리 모두 꼭 배우고 지켜야 할 지식 재산권에 대해 공부할 수 있는 책이에요. 독후감을 인터넷에서 검색해 베낀 아이들에게 선생님이 저작권의 의미와 중요성에 관해 설명해 줘요.

라온쌤 뉴스 제28호   키워드 #AI그림 #저작권

AI가 그린 그림은 누구의 저작물일까?

챗GPT가 그린 그림의 저작권은 누구에게 있을까?

 인공지능(AI)이 유명 화가의 그림 스타일을 모방해 작품을 그려 주기 시작하면서, 저작권과 창작 윤리를 둘러싼 논란이 뜨거워지고 있다. 최근 여러 생성형 AI 서비스들이 고흐, 모네, 클림트, 피카소 등 유명 화가들의 화풍은 물론 유명 애니메이션 회사의 화풍을 흉내 낸 그림을 생성해 사용자에게 제공하고 있다. 일부는 이를 상업적으로도 사용하기도 한다. 사람들은 AI가 그림을 그려 준다는 사실에 신기해하며, 자기 사진부터 가족사진까지 다양하게 요청하며 즐기고 있다.

 문제는 이러한 그림은 기존 화가들의 작품이 있기에 가능하다는 것이다. AI는 인터넷에 공개된 많은 이미지를 학습하여 새로운 그림을 그리지만, 그 과정에서 원작자만의 독창적인 화풍을 허락 없이 활용하고 있음을 많은 사람이 지적했다.

 그러나 저작권법상 '화풍' 그 자체는 보호 대상이 아니며, 구체적인 표현물만이 저작권의 보호를 받는다. 그래서 AI가 특정 화풍을 본뜬 그림을 만들어도 법에 위배 되지 않는다는 입장이다. 하지만 예술계와 창작자들은 AI가 작가의 스타일을 모방한 것은 분명 예술을 무시하는 행위라고 반발하기도 한다.

 AI가 그림도 그려 주는 시대가 된 이상, 이 논쟁은 계속될 것이다. 창작자의 권리가 보호되는 차원에서의 기술 발전에 대해 깊이 있는 논의가 필요하다.

어휘 톡톡

- **창작 윤리** 작품을 만들 때 지켜야 할 바른 생각과 행동
- **화풍** 화가마다 그림을 그리는 독특한 스타일이나 느낌
- **원작자** 어떤 작품을 처음 만든 사람

 《어린이 저작권 교실》은 어떤 책일까?

'지식 재산권'이란 무엇인가요?

발명이나 디자인, 상표처럼 산업 활동과 관련된 아이디어를 보호해 주는 권리는 무엇인가요?

기사를 읽은 후에 알게 된 것은?

AI가 만든 그림이 논란이 되는 이유는 무엇인가요?

예술계와 창작자들은 AI 그림에 대해 어떤 입장을 가지나요?

 **책과 기사를 읽은 후 하고 싶은 말**

AI가 그린 그림도 저작권 보호를 받아야 한다고 생각하는지,
또는 보호받지 않아야 한다고 생각하는지 자기 생각을 써 보세요.

 **내 안의 생각 끌어내기**

AI를 사용해 숙제를 해 본 적이 있나요?
여러분은 숙제를 할 때 AI에 어디까지 도움을 받아야 적정하다고 생각하는지 써 보세요.

가끔 숙제가 너무 하기 싫을 때, 특히 글쓰기 숙제가 하기 싫을 때 여러분도 모르게 인터넷에서 검색한 후 다른 사람의 글을 베껴 쓰고 싶다는 마음이 들 수 있어요. 지금은 AI가 글도 써 주는 시대라, 중고등학생이나 대학생들은 이미 AI를 활용해 글을 쓰기도 해요. 이 책을 읽고 저작권의 개념을 폭넓게 배웠다면, AI가 써 준 글의 저작권에 대해서도 한 번 생각해 보세요.

조선 사람들의 삶을 그린 김홍도

옛 그림을 통해 당시 사람들의 삶을 엿볼 수 있어!

조선 시대의 화가 김홍도는 여러 그림을 그렸는데 '풍속화'도 많이 그렸어요. 김홍도의 풍속화를 보면 당시 사람들이 어떤 삶을 살았는지 대강 알 수 있을 정도로 섬세해요. 그가 그린 풍속화는 씨름, 무동, 주막, 기와 이기, 서당, 주막, 화조도 등 매우 다양하지요.

그중 <서당>이라는 그림은 제목 그대로 서당에서 훈장님과 아이들이 공부하는 모습을 그렸어요. 가운데 훈장님이 있고 양옆으로 아이들이 앉아 있어요. 그리고 한 아이는 서럽게 울고 있어요. 옷차림을 보면 왼쪽에 앉은 아이들은 상민, 오른쪽 아이들은 양반이라는 것을 알 수 있지요. 김홍도는 이 그림에서 양반보다는 상민 아이들이 더 똘똘해 보이도록 그렸답니다. 이는 글공부한다고 거드름을 피우고 상민을 못살게 구는 양반들을 비꼬았어요. <씨름>도 유명한 그림이에요. 다음 경기에 나갈 사람들은 무릎을 끌어모아 다소 긴장된 모습으로 앉아 있어요. 앞쪽 선수가 힘을 잔뜩 준 채 자신감이 넘치는 표정을 한 것을 보면, 김홍도는 그를 이기는 사람으로 표현한 것 같아요.

이 책은 우리의 옛 그림을 보는 법도 알려 주는데, 보통 오른쪽 위에서부터 왼쪽 아래 방향으로 보아야 한눈에 들어온다고 해요. '원근법'은 가까이 있는 것은 크게, 멀리 있는 것은 작게 그리는 거예요. 그런데 김홍도의 그림은 원근법을 무시한 것들이 많아요. 우리의 눈보다는 마음을 배려하는 그림을 그리기 위해서라고 해요.

김홍도의 풍속화로 배우는 옛 사람들의 삶 최석조 지음 | 아트북스 | 2008

조선 시대의 화가, 단원 김홍도의 풍속화를 쉽고 재미있게 소개하는 책이에요. 4교시 구성으로 그림 감상, 놀이 체험, 보충 학습으로 구성해 재미있게 옛 그림을 이해할 수 있어요. 옛사람들의 생활 모습과 시대상이 생생하게 느껴져 흥미롭게 읽을 수 있어요.

라온쌤 뉴스 제29호 키워드 #K-전통 미술 #K 콘텐츠

세계에서 주목받는 K-전통 미술

최근 K-POP, K-푸드에 이어 한국의 전통 회화가 'K-Art'라는 이름으로 해외에서 점차 존재감을 드러내고 있다. 민화와 풍속화 등 한국 고유의 그림은 단순한 미술 작품으로서만 가치가 있는 것이 아니라, 우리나라 사람들의 마음, 웃음, 함께 살아가는 삶을 담고 있다는 점에서 서양 회화와 또 다른 매력이 있다.

대표적으로 민화 속에 자주 등장하는 호랑이와 사람을 해학적으로 그린 인물화는 동양만의 색감이 풍부하고 유머를 담고 있다는 점이 인상적이다. 민화는 형식에 얽매이지 않고 사람들이 마음을 자유롭게 표현해 내기에 현대 예술가들에게 감동을 준다.

조선 시대 화가 김홍도와 신윤복의 풍속화 또한 세계 예술계에서 조금씩 두각을 나타내고 있다. 이들의 그림은 조선 시대 사람들의 일상생활, 마음, 사회 모습을 섬세히 담아냈다는 점에서 다큐멘터리의 역할도 한다.

한국의 전통 회화가 본격적으로 해외에 소

개되기 시작한 것은 최근의 일이다. 국립중앙박물관 등의 여러 기관은 다양한 전시나 행사를 통해 우리 그림의 아름다움을 전하려고 노력하고 있다. 온라인 가상 박물관을 통해 접속한 외국인들이 한국의 전통 미술을 감상하고 이야기를 나누기도 한다.

아직 K-POP이나 K-푸드만큼 폭발적인 인기를 누리지는 못하지만, 'K-전통 미술'은 분명 세계인의 눈과 마음을 사로잡을 힘이 있다.

어휘 톡톡

- **민화** 옛날 서민들이 바람이나 소망을 담아 그린 재미있고 색깔이 화려한 그림
- **해학** 웃기지만 그 속에 깊은 뜻이나 풍자가 담긴 표현

 《김홍도의 풍속화로 배우는 옛 사람들의 삶》은 어떤 책일까?

그림 〈서당〉에서 상민 아이들을 양반 아이들보다 더 똑똑하게 표현한 까닭은 무엇인가요?

김홍도의 그림에 원근법을 무시한 그림이 많은 까닭은 무엇인가요?

기사를 읽은 후에 알게 된 것은?

서양 회화와 구분되는 한국 전통 회화의 매력은 무엇인가요?

김홍도와 신윤복의 그림이 다큐멘터리 같은 역할을 하는 이유는 무엇인가요?

 **책과 기사를 읽은 후 하고 싶은 말**

우리나라 전통 미술을 세계적으로 더 많이 알리려면 어떻게 해야 할까요?
그 방법을 생각한 후 써 보세요. (예 온라인 전시회 열기, 유튜브 영상 만들기 등)

 **내 안의 생각 끌어내기**

김홍도처럼 여러분이 오늘날의 모습을 그림으로 그린다면 어떤 장면을 담고 싶나요?
그리고 싶은 장면과 담고 싶은 이야기를 자유롭게 써 보세요.

　선생님은 이 책을 읽으면서 화가가 그림을 그릴 때 얼마나 많은 계획을 세우고, 보는 재미를 주는 비밀을 숨겨 놓으며, 자신만의 생각을 내밀하게 담는지 알게 되었어요. 먼 과거의 화가가 그린 그림의 의미를 이 책 한 권으로 알 수 있다는 것도 참 감사했고요. 작가의 설명을 따라가며 그림을 감상하면, 한 장의 그림에서 더 많은 것을 발견할 수 있을 거예요.

전 재산을 사회에 환원한 기업가

유일한은 유한양행 기업의 대표였던 사람이에요. 그는 미국 네브래스카 고등학교에 다녔어요. 졸업 후에 디트로이트에 있는 에디슨 발전기 회사 변전소에 취직했지요. 유일한이 장사로 학비를 벌며 대학 생활을 하던 때 한국은 일본에 나라를 빼앗긴 상황이었고, 1919년에는 독립운동이 일어났어요. 이때 유일한은 '한국인 자유 대회'에서 결의문을 낭독하며 독립운동을 했어요.

> 나라와 이웃을 위한 기업이 진짜 큰 기업입니다.

회사에서는 유일한에게 동양 지역의 총책임자를 맡으라고 했어요. 그러나 그는 회사의 제안을 거절했어요. 당시 그가 다녔던 제너럴일렉트릭 회사는 미국 회사인데, 평생 미국 회사에 얽매여 살면 식민지 조국을 위해 할 수 있는 일이 없다고 생각했기 때문이에요. 그렇게 그는 쉽게 출세할 수 있는 길을 마다했어요.

이후 유일한은 숙주 장사를 해서 큰돈을 벌었어요. 미국에 사는 중국인들에게 그들이 많이 먹는 만두에 들어가는 숙주나물을 팔면 성공할 것이라는 그의 생각이 들어맞은 거예요.

미국에서 지내던 유일한은 이후 조국으로 와서 회사를 세우는데, 그 회사가 우리가 잘 아는 유한양행이에요. 회사를 성공으로 이끈 그는 손녀의 학자금 1만 달러만 남기고, 자신의 전 재산을 사회에 환원하며 회사를 떠났어요. 그의 가족들은 그런 결정을 자연스럽고 당연한 일로 받아들였고, 우리는 지금도 그를 존경한답니다.

유일한 이야기
조영권 글, 타마 그림 | 웅진주니어 | 2007

기업은 사회의 재산이라 믿었던 유한양행 창업자 유일한의 삶을 담은 전기예요. 자본주의의 윤리적 가치를 실천하며 전 재산을 사회에 환원한 그의 선택은 많은 이에게 깊은 울림을 줬어요. 사실 자료를 바탕으로 담담하게 풀어낸 이 책은 삶과 기업, 사회의 의미를 함께 돌아보게 해요.

라온쌤 뉴스 제30호   키워드 #캥거루족 #자립

필독서와 함께 읽는 뉴스

부모에게 의존하는 성인 캥거루족

캥거루족은 성인이 되었지만, 경제적으로 독립하지 못하고 부모에게 의존하며 사는 사람들을 말한다. 예전부터 조금씩 증가하다가 최근에는 그 폭이 더 늘어나 보편화되는 현상까지 보인다. 대학을 졸업하고도 부모로부터 용돈을 받거나, 취업 후에도 부모 집에서 함께 살며 생활비를 지원받기도 한다.

문제는 이러한 현상이 단지 청년의 책임만은 아니라는 점이다. 많은 부모가 우리 아이만큼은 고생하지 않게 하겠다는 마음으로 과도하게 지원하고 있다. 진로를 결정하거나 아르바이트를 선택하는 일, 자취를 계획하는 일 등 삶의 중요한 선택을 부모가 대신 해 주기도 한다. 그래서 자녀는 스스로 결정하고 책임지는 경험을 해 보지 못한 채로 성인이 된다.

우리나라의 경제적 상황이 자립을 어렵게 만들기도 한다. 집을 구하려면 많은 돈이 들고 취업도 쉽지 않다. 노동 환경의 불안정은 청년들을 실업자로 만들기도 한다.

자녀가 자립하지 못하는 것은 자녀 인생에도 문제가 되지만, 부모에게도 마찬가지이다. 오랫동안 자녀를 뒷바라지하느라 정작 부모의 노후를 준비하지 못한다. 은퇴 이후 자기 삶을 계획하고 즐길 시기에 여전히 자녀 뒷바라지에 매달리며 개인의 시간을 잃는 경우도 많다.

자립은 대학 졸업 후에 갑자기 시작되는 일이 아니다. 아이가 삶을 책임질 기회를 갖는 일은 어릴 때부터 천천히 준비되어야 한다. 캥거루족이 늘어나는 사회 현상에 모두 관심을 가지고 대책을 마련해야 할 것이다.

아직 독립할 준비가 안 됐는 걸⋯.

🔍 어휘 톡톡

- **보편화** 어떤 현상이나 행동이 사람들 사이에서 널리 퍼져 일반적으로 되는 것
- **자립** 다른 사람의 도움 없이 혼자서 살아갈 수 있는 상태
- **은퇴** 일정한 나이가 되어 직장에서 물러나 일을 그만두는 것

《유일한 이야기》는 어떤 책일까?

유일한이 미국에서 숙주나물 사업에 성공할 수 있었던 이유는 무엇인가요?

유일한은 기업에서 벌어들인 전 재산을 어떻게 했나요?

기사를 읽은 후에 알게 된 것은?

자녀를 자립하지 못하게 하는 부모의 행동은 무엇인가요?

캥거루족처럼 자립하지 못한 자녀는 부모의 삶에 어떤 영향을 미치나요?

책과 기사를 읽은 후 하고 싶은 말

유일한은 자신이 성공해서 번 돈을 다른 사람을 위해 쓰는 것을 당연하게 여겼어요.
만약 여러분이 많은 돈을 가지게 된다면, 그 돈을 어떻게 쓰고 싶은지 구체적으로 써 보세요.

내 안의 생각 끌어내기

여러분은 부모님으로부터 언제, 어떻게 자립할지 함께 대화를 나누고 그 계획을 세워 보세요.

라온쌤의 책 속으로

　기업가 유일한은 노블레스 오블리주를 실천한 대표적인 인물이에요. 전 재산 환원은 물론이고, 그가 살아 있는 동안 나라를 위해 했던 일들을 보면 존경하지 않을 수 없지요. 가족들은 그가 남긴 손녀의 학자금 1만 달러도 반만 쓰고 다시 기부했다고 해요. 손녀는 할아버지 덕분에 더욱 자립하여 잘 살아갈 수 있다는 말도 남겼어요. 한 기업가의 삶이 그의 가족과 사회에 미친 영향을 생각하며 읽어 보세요.

스스로 나서 나라를 지킨 안용복

　안용복은 조선 시대 울릉도와 독도를 지키기 위해 스스로 나선 사람이에요. 당시 조선은 울릉도와 독도를 방치하고 있었어요. 그래서 울릉도에 일본 배가 와서 고기를 잡아가는 일이 잦았어요. 안용복은 이를 발견하고 실랑이를 벌이다 일본으로 가게 돼요.

　그곳에서 안용복은 울릉도와 독도는 조선의 땅이며, 앞으로 일본의 어부들이 두 섬에 오지 않겠다는 약속을 받아 냅니다. 하지만 그는 조선에 와서 오히려 곤장을 맞고 쫓겨나고 말아요. 일반 어부임에도 관직을 사칭했고, 분수도 모르고 일본에 가서 소란을 피워 나라를 어지럽게 했다는 이유였지요.

　그러나 그는 포기하지 않았어요. 뇌헌 스님의 도움으로 배와 식량을 마련하고, 따르는 제자와 선비들을 모아 울릉도에 가서 다시 우리 땅을 지키기 시작합니다. 이후 안용복은 두 번째로 일본에 건너가서 다시 한번 조선의 입장을 당당히 밝혀요. 일본 관리들 앞에서 울릉도와 독도는 예로부터 조선의 땅이라는 사실을 조목조목 설명하며 따지고, 이후 조선은 울릉도와 독도를 지키기 위해 움직이기 시작해요.

　당시 일본이 독도를 그렇게도 탐낸 이유는 독도의 가치 때문이에요. 독도는 어류가 풍부하고 바다 밑에 천연 가스층이 있어 경제적 가치가 컸어요. 또한 독도에 있는 관측소에서 주변 나라의 동태를 살피며, 자기 나라를 잘 지킬 수도 있다고 생각했답니다.

우리 땅 독도를 지킨 안용복 권오단 글, 강화경 그림 | 산수야 | 2015

조선 시대의 평범하게 살던 어부였으나, 일본으로부터 독도를 지켜내기 위해 일생을 바쳐 노력한 안용복의 이야기예요. 지금까지도 계속되고 있는 독도를 둘러싼 분쟁에 대해 생각해 보게 해요.

라온쌤 뉴스 제31호 　　　　　　　　　　　　　　키워드 #독도 #주권

여전히 독도 영유권을 주장하는 일본

말풍선: 대한민국 영토인 독도를 꾸준히 알아가야 해요.

일본이 독도에 대한 <mark>영유권</mark> 주장을 계속 이어 가면서 한일 간의 <mark>외교적</mark> 갈등이 반복되고 있다. 최근 일본 정부는 자기 나라의 한 문서에 독도를 일본 고유의 영토라고 표기하고, 한국이 불법 <mark>점거</mark> 중이라는 주장을 되풀이했다. 이에 우리 정부는 반발하고 나섰다.

우리나라는 공식적인 발표를 통해 독도는 역사적·지리적·국제법적으로 명백한 대한민국의 고유 영토라고 밝히며, 일본 측의 잘못된 주장을 즉각 취소하라고 요구했다. 특히 독도는 이미 조선 시대부터 우리나라가 관리해 온 땅이며, 20세기 초 일본이 우리나라를 강제로 점령하기 전에도 이미 우리 땅으로 명확히 알려졌다는 사실이 여러 자료로 증명되었다.

일본은 초·중등 교과서에도 독도를 자신들 영토라고 이야기며, 청소년들에게 잘못된 의식을 심으려는 시도를 이어 가고 있다. 이에 따라 우리나라도 독도에 대한 교육을 더욱 확대하고, 국제적 선전의 중요성을 강조하고 있다.

전문가들은 일본이 계속 이런 주장을 하는 것은 단순히 역사적인 이유뿐만 아닌 정치적인 목적이라고 이야기한다. 대한민국은 앞으로도 독도에 대한 주권을 분명히 하고, 왜곡된 주장을 바로잡기 위한 노력을 멈추지 않아야 한다.

🔍 어휘 톡톡

- **영유권** 어떤 땅이나 지역을 자기 나라의 영토로 가지고 있다고 주장하고 실제로 다스리는 권리
- **외교권** 나라가 다른 나라와 관계를 맺고 협상하거나 대화할 수 있는 권리
- **점거** 어떤 장소나 지역을 차지하고 자리를 잡는 것

 《우리 땅 독도를 지킨 안용복》은 어떤 책일까?

처음 일본에 건너간 안용복이 받아 낸 약속은 무엇인가요?

안용복의 노력은 조선 정부의 어떤 변화를 이끌어 냈나요?

기사를 읽은 후에 알게 된 것은?

일본이 독도 영유권을 주장하며 하는 일은 무엇인가요?

우리나라는 독도의 영유권을 지키기 위해 어떤 노력을 해야 한다고 강조하나요?

 **책과 기사를 읽은 후 하고 싶은 말**

여러분이 알고 있는 '독도'에 대한 사실을 두 가지 이상 써 보세요.

 **내 안의 생각 끌어내기**

소중한 우리 영토인 독도를 지키기 위해 여러분이 할 수 있는 일을 생각한 후 써 보세요.

 **라온쌤의 책 속으로**

　누가 시키지 않았음에도 우리 영토를 지키기 위해 노력한 안용복의 이야기를 읽다 보면, 자랑스러운 마음이 들어요. 우리는 독도를 지키자는 이야기를 많이 하지만, 정작 그 노력의 시작인 안용복에 대해서는 잘 모릅니다. 이 책을 통해 그의 간절했던 마음을 느끼며 우리 땅을 지키는 것이 왜 중요한지 생각해 보세요.

문화·인물 하루 한 장 초등 필독서

교과 연계 : 6-1 사회_우리나라의 정치 발전   난이도 ★★★☆☆

노동자의 권리를 위해 불꽃이 된 소년

　순옥은 남희 언니를 따라 서울의 옷 공장에서 일을 하게 되었어요. 봉제 공장에서 미싱사 보조를 하는 일이었지요. 이 일을 하는 사람을 '시다'라고 불러요. 봉제 공장에는 순옥뿐만 아니라 많은 소녀가 일하고 있었어요.

　순옥이 공장의 열악한 환경에 힘들게 적응하던 중 태일이라는 재단사를 만났어요. 태일 재단사는 여공들에게 친절하고 잘 챙겨주는 사람이었어요. 남희와 순옥이는 열심히 일해서 번 돈을 집으로 보냈어요. 그러던 중 남희가 몸이 아팠고, 태일 재단사는 노동권을 위해 일하는 '바보회'가 있다고 이야기해 주었어요. 몸이 계속 아픈 남희는 결국 시골로 내려가고, 순옥은 구청에서 판잣집을 부수는 바람에 공장에서 자던 태일 재단사가 마련해 준 집에서 생활했어요. 태일은 순옥을 돌보다 결국 쫓겨났어요.

　태일은 삼동회를 만들어 노동자들에게 설문도 하고, 신문과 방송국에 노동자들의 고통을 알렸어요. 그리고 공장에서 일하는 노동자들은 노동에 시달리는 이들의 사연이 기사로 나와 모두 기뻐했지요.

　사장들은 11월 7일에 근로 조건을 개선해 준다고 약속했지만, 지키지 않았어요. 삼동회는 다시 모여 11월 13일, 데모를 하기로 했어요. 데모에 나선 태일은 근로기준법전을 불태우고 자기 몸에 불을 붙였어요. 그는 응급실로 옮겨졌지만, 자기 죽음을 헛되게 하지 말라는 말을 남기고 세상을 떠났답니다.

11월 13일의 불꽃 윤자명 글, 김규택 그림 | 풀빛 | 2022

실존 인물인 청년 노동자 전태일을 중심으로 당시 열악한 노동 환경을 조명하고, 그가 어떻게 이런 현실을 바꾸고 싶어 했는지 생생하게 그린 동화예요. 전태일의 이야기를 통해 오늘날 노동자의 현실을 돌아보고, 노동 인권에 대해 많은 생각을 하게 해요.

라온쌤 뉴스 제32호 키워드 #최저임금 #노동자

2026년, 달라진 최저 임금

2026년도 최저 임금이 2025년 10,030원보다 290원 오른 시간당 10,320원으로 최종 확정되었다. 고용노동부는 이 금액을 2026년부터 적용하기로 결정하고 공식 발표했다.

주 40시간 일하는 근로자의 경우, 2026년 최저 임금에 따라 한 달에 2,156,880원을 받게 된다. 이는 전년보다 2.9% 인상된 금액으로, 2026년 1월 1일부터 모든 사업장에서 동일하게 적용될 예정이다.

최저 임금 제도는 임금이 낮은 노동자들이 안정된 삶을 살 수 있도록 돕고, 개인 간 소득 격차를 줄이기 위해 만들어진 제도이다. 법으로 최소한의 임금을 정함으로써 노동의 가치를 보호하고, 일정 수준 이상의 소득을 보장하는 것이 목적이다.

특히 경제적 약자인 비정규직 노동자나 아르바이트생에게 최저 임금은 생계를 유지하는 데 중요한 역할을 한다. 또한 최저 임금이 오르면 더 많은 사람이 소비를 늘리고, 이는 결국

2026년 최저 임금은 시간당 10,320원!

나라 경제를 활성화하는 데도 도움이 된다.

하지만 최저 임금에 대한 고용주와 노동자의 입장은 다를 수 있다. 고용주의 입장에서는 인건비 상승이 곧 회사나 가게 운영에 부담으로 다가온다. 또 인건비 부담을 줄이기 위해 직원을 줄이면, 일자리가 줄어드는 문제도 함께 발생할 수 있다. 그래서 우리 사회는 국가 경제를 살리는 동시에, 고용주는 성장하고 노동자는 안정된 삶을 보장받을 수 있는 상생의 방향을 찾아야 한다.

🔍 어휘 톡톡

- **최저 임금** 법으로 정한 근로자가 일을 했을 때 받을 수 있는 가장 적은 금액
- **비정규직** 일정한 기간 동안만 일하는 직종
- **상생** 서로 북돋으며 함께 잘 살아감

 **《11월 13일의 불꽃》은 어떤 책일까?**

순옥이 서울에서 하게 된 일은 무엇인가요?

태일은 노동자의 권리를 위해 어떤 일을 했나요?

기사를 읽은 후에 알게 된 것은?

최저 임금 제도란 무엇인가요?

최저 임금이 올랐을 때 고용주의 입장은 무엇일까요?

 **책과 기사를 읽은 후 하고 싶은 말**

나라에서 최저 임금을 법으로 정하지 않는다면, 노동자들의 삶이 어떻게 변화할지
생각한 후 써 보세요.

 **내 안의 생각 끌어내기**

내가 한 일에 대해 정당한 보상을 받았던 경험을 생각해 보세요.
그 경험을 바탕으로, 일을 한 사람에게 정당한 보상이 주어져야 하는 이유를 써 보세요.

　　종로구 청계천로에 가면 〈아름다운 청년 전태일 기념관〉이 있어요. 이곳에서는 다양한 전시, 교육 프로그램을 진행하며, 그가 한 일의 의미를 알리고 있지요. 노동자 권리를 위해 젊은 나이에 자신의 목숨을 내어놓은 그의 뜻을 되새길 수 있어요. 이 책에 등장하는 인물은 전태일 외에는 대부분 가공 인물이에요. 그러나 그들이 겪은 일은 책에 나온 것만큼이나 심각했어요. 일을 하며 정당한 대우와 대가를 받는 것이 왜 중요한지 한번 생각해 보세요.

"아이의 유튜브 출연은 아동 노동일까?"

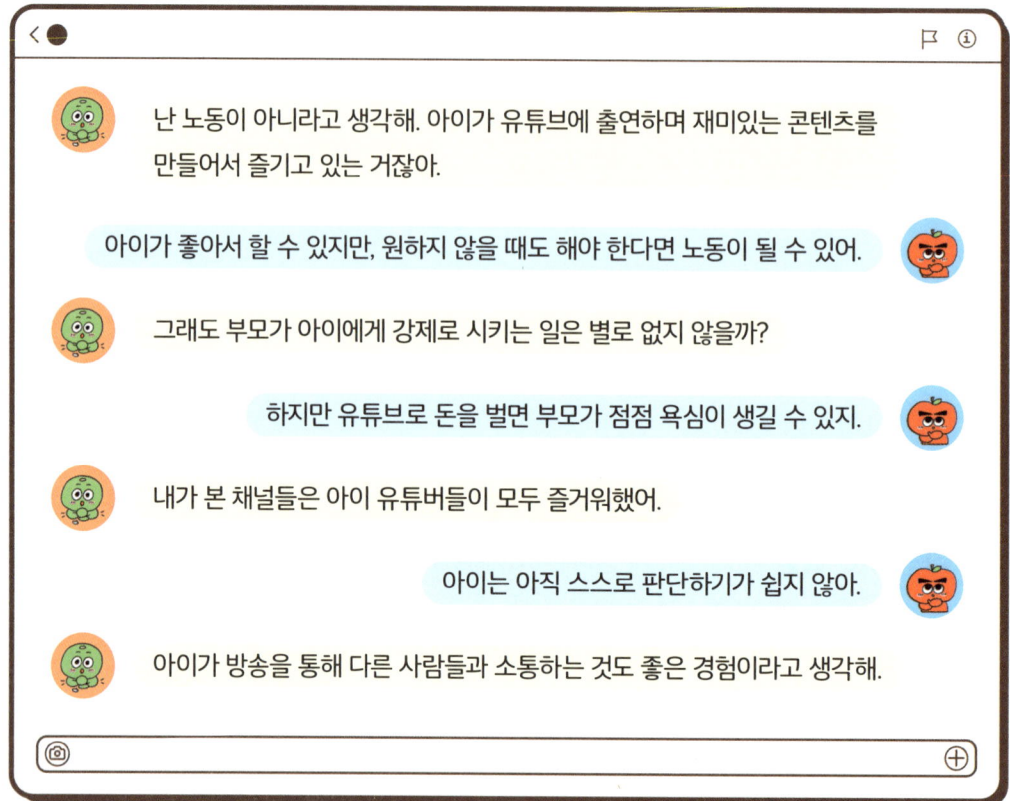

- 난 노동이 아니라고 생각해. 아이가 유튜브에 출연하며 재미있는 콘텐츠를 만들어서 즐기고 있는 거잖아.
- 아이가 좋아서 할 수 있지만, 원하지 않을 때도 해야 한다면 노동이 될 수 있어.
- 그래도 부모가 아이에게 강제로 시키는 일은 별로 없지 않을까?
- 하지만 유튜브로 돈을 벌면 부모가 점점 욕심이 생길 수 있지.
- 내가 본 채널들은 아이 유튜버들이 모두 즐거워했어.
- 아이는 아직 스스로 판단하기가 쉽지 않아.
- 아이가 방송을 통해 다른 사람들과 소통하는 것도 좋은 경험이라고 생각해.

 온 가족이 함께 출연하는 유튜브 채널들이 있어요. 혹은 어린 자녀들만 나오는 경우도 많지요. 이런 경우 아동 노동이라고 할 수 있을까요? 여러분의 생각을 써 보세요.

"내가 가장 좋아하는 유튜브 채널은 뭘까?"

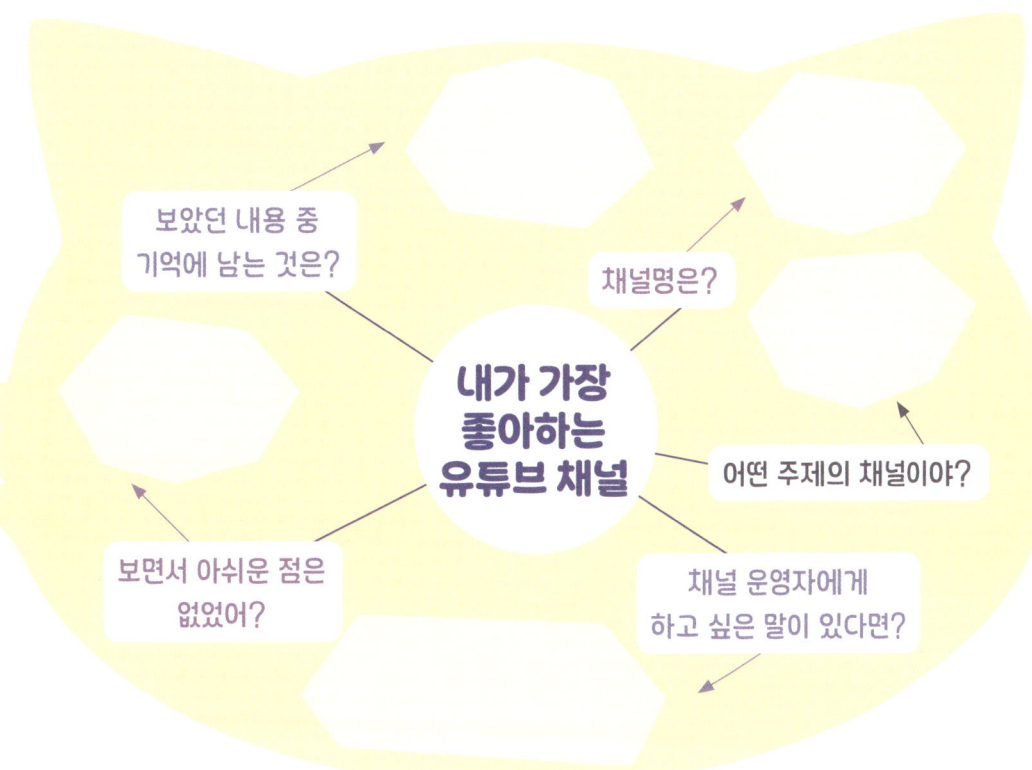

- 보았던 내용 중 기억에 남는 것은?
- 채널명은?
- 내가 가장 좋아하는 유튜브 채널
- 어떤 주제의 채널이야?
- 보면서 아쉬운 점은 없었어?
- 채널 운영자에게 하고 싶은 말이 있다면?

여러분이 가장 좋아하는 유튜브 채널에 대해 소개해 보세요.
그 채널을 좋아하는 이유도 함께 써 보세요.

5장

과학·환경

Book & News

과학·환경책은 왜 중요할까요?

세상의 이치를 탐구하고 지구를 보존하는 지혜

과학은 우리가 살고 있는 이 세상의 다양한 현상들을 관찰하고 실험하며 그 원리를 체계적으로 탐구하는 학문이에요. 인류는 자연 현상에서부터 우주의 비밀까지, 끊임없는 질문과 탐구를 통해 새로운 지식을 발견하고 발전시켜 왔어요. 또한 환경은 우리를 둘러싸고 있는 자연, 즉 공기, 물, 흙 그리고 그 안에서 살아가는 모든 생명체를 포함하는 거예요. 과학과 환경은 서로 밀접하게 연결되어 있으며, 우리가 더 나은 미래를 만들어 나가기 위해 꼭 필요한 지식과 지혜를 알려 준답니다.

과학·환경 책은 왜 읽어야 할까요?

과학에 대해 배우는 것은 우리가 살아가는 세상이 어떻게 작동하는지 이해하는 데 꼭 필요해요. 주변에서 일어나는 다양한 자연 현상들의 원리를 깨닫고, 첨단 기술의 발전을 이해함으로써 우리는 이 세상을 이해할 수 있을 뿐만 아니라 더욱 합리적이고 비판적인 사고 능력을 키울 수 있어요.

또한, 환경 문제를 배우는 것은 우리가 지구라는 공동의 공간에 살아가고 있다는 사실을 깨닫게 해요. 우리가 하는 행동이 환경에 어떤 영향을 미치는지 알게 하여 환경을 지켜야 한다는 인식을 갖게 하지요. 지구 온난화, 미세먼지, 생물 다양성 감소 등 심각한 환경 문제에 대해 알고 나면 지구에 대한 책임감을 가지고 환경 보호를 실천할 수 있어요.

어떤 점에 중점을 두어 읽어야 할까요?

　일상생활 속에서 궁금했던 점이나 과학 뉴스에서 접했던 흥미로운 질문들을 떠올리며 과학책을 읽어 보세요. '왜 하늘은 파랗게 보일까?', '별들은 왜 반짝일까?'와 같이 '왜 그럴까?'라는 질문을 끊임없이 던지고 답을 찾아가는 과정에서 과학적 사고력이 생겨요. 환경 문제도 마찬가지예요. 우리가 매일 사용하는 물건들이 환경에 어떤 영향을 미치는지, 우리가 실천할 수 있는 친환경적인 행동은 무엇인지 고민하며 학습하는 것이 중요해요. 과학적 원리와 환경 문제를 우리 주변의 실생활과 연결하여 생각하면 더욱 오랫동안 기억에 남을 거예요.

이런 질문을 해 봐요

물은 끓으면 왜 수증기가 될까?
지구는 왜 점점 더워지고 있을까?
공기는 왜 보이지 않는데 존재할까?
해는 왜 아침에 뜨고 저녁에 질까?
플라스틱이 왜 문제일까?
과학자들은 왜 실패를 두려워하지 않을까?
환경을 지키려면 왜 작은 실천이 중요할까?
전기는 위험하지만 왜 꼭 필요할까?
동물들은 왜 점점 사라질까?
바이러스는 왜 계속 생겨날까?

별은 왜 반짝일까?
식물은 왜 햇빛이 없으면 못 살까?
로봇은 왜 사람처럼 움직일 수 있을까?
지진은 왜 갑자기 일어날까?
우주를 왜 탐험하려고 할까?
우리 몸속도 과학일까?
미래의 기술은 왜 상상에서 시작될까?
종이와 플라스틱은 왜 재활용 방법이 다를까?
과학을 알면 왜 세상이 다르게 보일까?

과학·환경 하루 한 장 초등 필독서

교과 연계 : 5-2 과학_날씨와 우리 생활   난이도 ★★☆☆☆

지금 당장 해결해야 할 지구의 문제

최근 들어 환경 문제에 대한 이야기가 끊이지 않고 있어요. 지구 온난화, 기후 위기, 탄소 발자국처럼 한 번쯤 들어본 단어들도 많지요. 그만큼 기후 위기는 우리 가까이 다가와 있는 문제예요. 그렇다면 우리는 이 문제를 어떻게 해결해 나가야 할까요? 먼저 우리 주변에 있는 환경과 관련된 말들을 제대로 알고 이해하는 것부터 시작해 봐요.

먼저 어린이들이 꼭 알아야 할 환경 관련 단어들을 살펴봐요. 온실가스, 해수면 상승 등 지구 열대화와 관련된 단어, 쓰레기 제로, 미세 플라스틱 등 쓰레기 문제와 관련된 단어, 식량, 위기, 사막화 등 생태계를 설명하는 단어, 재생 에너지, 에너지 안보 등 착한 에너지와 관련된 단어까지 하나하나 알려 준답니다.

환경은 우리를 둘러싼 모든 것을 말해요. 우리가 살아가는 환경은 옛날부터 계속 변해 왔고, 산업 혁명을 겪으면서 지금은 훨씬 더 풍요로워졌어요. 하지만 좋은 변화만 있었던 건 아니에요. 인간의 활동으로 지구는 점점 더 오염되었고, 그 결과 환경 오염이 심각해졌어요. 그래서 우리는 매일 뉴스에서 이상 기후, 해수면 상승, 플라스틱 쓰레기, 멸종 위기 동물 같은 환경 문제 소식을 듣게 된답니다.

이 책은 '착한 에너지'를 쓰는 것이 환경을 지키는 해답이라고 말합니다. 재생 에너지와 인공 태양 등 지구를 지키는 다양한 방법을 소개하며, 우리가 할 수 있는 일도 함께 생각해 보자고 권한답니다.

환경 문제를 더는 미룰 수 없어요!

더운 지구 뜨거운 지구 펄펄 끓는 지구
유다정 글, 김잔디 그림, 박기영 감수 | 파스텔하우스 | 2023

지구 온난화 시대가 지구 열대화 시대로 바뀌는 요즘, 새롭게 생기고 바뀌는 환경 단어를 보면서 바로 지금 우리가 맞닥뜨린 가장 중요한 환경 문제들을 한눈에 살펴볼 수 있어요.

라온쌤 뉴스 제33호   **키워드** #이상 기후 #환경 보호

4월에 함께 만난 벚꽃과 눈

최근 우리나라 날씨가 이상해지고 있다. 벚꽃이 피는 4월 초, 벚꽃 구경을 할 생각에 설레던 사람들 마음과 달리 갑자기 눈이 내리고 우박이 떨어져 많은 이를 놀라게 했다.

벚꽃이 가득한 가운데 비가 내리는가 싶더니 지역에 따라서는 눈이 펑펑 내리기도 하고, 온종일 우박이 떨어지는 곳도 있었다. 봄인데도 겨울처럼 추운 날이 다시 찾아오는가 하면, 어떤 날은 또 초여름처럼 갑자기 더워졌다. 이렇게 기온이 오르락내리락하면서 일교차도 매우 커졌다.

이런 날씨를 '이상 기후'라고 부른다. 이상 기후란 평소와 다른 기후가 나타나는 현상이나. 예를 들어 비가 잘 오시 않는 계절에 폭우가 내리거나, 더워야 할 때 추운 날이 계속되는 것도 이상 기후의 한 모습이다.

전문가들은 우리나라의 기후가 점점 더 따뜻해지고 있다고 말한다. 여름은 길어지고 겨울은 짧아지는 경향이 나타나며, 비가 한꺼번에 많이 오거나, 가뭄이 길어지는 일도 자주 생기고 있다.

이런 변화는 농작물 재배 시기를 바꾸어야 하거나, 자연재해가 더 자주 발생하는 등 또 다른 문제로 이어질 수 있다. 날씨에 적응하지 못하는 동물들은 사라지기도 한다. 문제는 이런 이상 기후가 앞으로 점점 더 심해질 가능성이 크다는 점이다. 환경 보호를 위해 지금 바로 우리 모두 행동해야 할 때이다.

추웠다가 더웠다가 도무지 종잡을 수 없는 날씨!

🔍 어휘 톡톡

- **일교차** 기온·기압·습도 등이 하루 동안에 변화하는 차이
- **이상 기후** 평소와 다른 기후가 나타나는 현상

 《더운 지구 뜨거운 지구 펄펄 끓는 지구》는 어떤 책일까?

이 책에 나오는 환경 단어를 세 개 이상 써 보세요.

환경 문제 해결 방안으로 무엇을 제안하고 있나요?

기사를 읽은 후에 알게 된 것은?

4월에 사람들을 놀라게 한 이상 기후는 무엇인가요?

우리나라 기후는 어떻게 변화하고 있나요?

 **책과 기사를 읽은 후 하고 싶은 말**

이상 기후가 생기는 가장 큰 원인은 무엇이라고 생각하나요?
또 날씨가 점점 더 따뜻해지면 어떤 문제가 생길지 생각한 후 써 보세요.

내 안의 생각 끌어내기

환경을 위해 '하지 말아야 할' 행동을 두 가지만 써 보세요.

뉴스에서만 듣던 환경 문제를 현실에서 체감하면, 그제야 비로소 환경오염에 대한 심각성이 실감 나요. 또 지구가 언제까지 버틸 수 있을까 겁이 나기도 하지요. 수많은 환경 도서가 있지만, 이 책은 조금 더 친절하게 그리고 자세히 환경 문제를 다루었어요. 환경 단어를 중심으로 환경 문제를 이해한 후, 우리가 지구를 위해 지금 무엇을 할 수 있을지 생각하기 바라요.

과학·환경 하루 한 장 초등 필독서

교과 연계 : 5-2 과학_생물과 환경 난이도 ★★☆☆☆

미래에서 만난 환경 이야기

서림이는 휴양지에서 바다 풍경을 즐기던 중이에요. 그때 고양이 은실이가 어디론가 뛰어가요. 놀란 서림이는 은실이를 뒤쫓아 가다가 누워 있는 새끼 혹등고래를 만나요. 혹등고래는 숨을 몰아쉬며 괴로워하고 있었어요. 사람들은 혹등고래를 바다로 돌려보내기 위해 로봇이 올 때까지 수로를 파기로 해요.

그러다가 서림이는 고래 아래턱에 붙어 있는 따개비에서 낡은 스마트링을 발견해요. 링에는 'to 서림 from 2145'라는 글씨가 쓰여 있어요. 사람들의 노력에 혹등고래는 마침내 바다로 갔고, 그 순간 한 소년이 은실이를 데려간 것을 보았어요.

조금만 참아, 혹등고래야!

그를 따라가다 보니 어느 오래되고 썰렁한 항구에 도착했어요. 은실이를 데리고 간 소년은 은실이를 다시 돌려주었지요. 그곳에는 아픈 고양이가 있었어요. 그런데 그 순간 소년이 갑자기 피를 토했어요. 아픈 것이 고양이뿐만은 아니라 생각한 서림이는 바다가 오염되었음을 알았어요.

나중에 서림이 앞에 메이라는 소녀가 나타나요. 서림이는 메이와 함께 웜홀로 빨려 들어가고, 2150년에 도착해요. 그곳에서 수없이 늘어선 원통의 저장 탱크를 보게 돼요. 그리고 핵 발전소, 오션식스 인근 바다의 방사능 오염도, 후쿠시마 등에 대한 이야기를 듣게 된답니다.

시간 고양이3 (해저 도시와 바다 괴물) 박미연 글, 박남 그림 | 이지북 | 2023

서림이가 엄마와 고양이 은실이와 휴가를 갔다가 타임머신을 타고 미래로 가게 된 후 후쿠시마 오염수에 대한 이야기를 듣게 되는 과정을 담았어요. 긴박한 이야기를 따라가다 보면 결국 환경 문제와 만나게 된답니다.

라온쌤 뉴스 제34호 키워드 #후쿠시마 오염수 #방사능 오염

국제 사회의 우려와 논란 속 후쿠시마 오염수 방류

2023년 8월, 일본은 후쿠시마 원자력 발전소에서 발생한 **방사능** 오염수를 태평양에 **방류**하기 시작했다. 후쿠시마 제1원자력 발전소 사고 이후 2011년부터 방사성 물질이 포함된 오염수가 생기기 시작했고, 일본은 이를 **희석**하여 방류하기로 결정한 것이다.

일본의 입장에 따르면 국제원자력기구(IAEA)의 승인을 받았고, 방사능 농도 또한 국제 기준 이하로 낮추었다고 한다. 하지만 여전히 방사성 물질인 삼중 수소는 완전히 제거할 수 없기에 많은 이가 우려하고 있다.

이 방류는 30년 이상 지속될 것으로 예상되며, 하루 약 170~180톤의 오염수가 바다로 방류되고 있다. 일본 정부가 안전하다고 주장하는 것과 달리 여러 나라와 환경 단체들은 이를 계속 반대하고 있다. 방류된 오염수가 바다의 흐름을 타고 다른 국가의 바다로 퍼질 수 있다는 것이 가장 염려되는 점이다. 더 나아가 바다 생태계에도 문제를 일으킬 수 있고, 무엇보다

오염수 방류가 정말 안전할까?

사람에게도 결국 피해를 줄 것이라고 말한다.

특히 한국을 비롯한 여러 국가는 이 문제에 대해 강하게 반발했다. 한국은 방류하는 과정을 꼼꼼히 점검하고 있고, 방사능 안전 기준 또한 확인하고 있다. 또 우리나라에서 생산되는 수산물에 대해서도 방사능 검사를 강화해 국민의 불안을 덜어 주려고 하고 있다.

후쿠시마 오염수 방류는 단순한 환경 문제가 아니라, 나라 간의 믿음 문제로도 확산된다. 앞으로 각 나라는 서로 정보를 투명하게 공유해야 환경과 인류 건강도 지킬 수 있을 것이다.

어휘 톡톡

- **방사능** 몸에 해로울 수 있는 특별한 에너지가 나오는 성질
- **방류** 바닷물이나 강물에 어떤 물질을 흘려보내는 것
- **희석** 진한 물질을 물 같은 것을 섞어서 묽게 만드는 것

《시간 고양이3》은 어떤 책일까?

서림이 바다에 갔다가 수로를 파게 된 이유는 무엇인가요?

2150년에 간 서림이 알게 된 것은 무엇인가요?

기사를 읽은 후에 알게 된 것은?

일본은 어떤 근거로 오염수 방류가 안전하다고 주장하고 있나요?

일본의 후쿠시마 오염수 방류에 우리나라는 어떤 대책을 세우고 있나요?

 **책과 기사를 읽은 후 하고 싶은 말**

후쿠시마 오염수 방류는 한 나라의 일이지만, 바다는 모두가 함께 사용하는 공간이에요.
여러 나라가 함께 문제를 해결하려면 어떤 노력이 필요할지 생각한 후 써 보세요.

 **내 안의 생각 끌어내기**

현대 사람들이 바다를 오염시키고 있는 사례를 찾아서 써 보세요.

 **라온쌤의 책 속으로**

    긴장감 넘치는 재밌는 이야기를 만날 수 있는 동시에 우리 환경 문제도 생각해 볼 수 있는 SF 환경 동화예요. 과거와 미래를 넘나들며 이야기 여행을 하는 동시에 우리가 사는 이 지구 문제를 같이 고민하고 생각해 보면 좋겠어요. 먼 미래 우리 지구는 안전할지, 우리는 지금 무엇을 해야 할지 말이에요.

과학·환경 **하루 한 장 초등 필독서**

교과 연계 : 4-2 과학_그림자와 거울   난이도 ★★★☆☆

빛을 재미있게 이해하는 방법

빛의 종류가 이렇게 다양하다니!

  빛이 없으면 인간은 살 수 없어요. 사람의 눈으로 볼 수 있는 빛을 가시광선이라고 하는데, 흔히 이 가시광선을 '빛'이라고 해요. 가시광선은 여러 색이 합쳐진 거예요. 가시광선이 있기에 사람들이 물체를 볼 수 있고, 무엇보다 색깔이나 모양도 구분할 수 있지요. 가시광선은 혼합광이며, 여러 색으로 나누어져요. 그래서 우리가 세상을 여러 색으로 볼 수 있답니다.

  빛은 어디서나 움직일 수 있어요. 속도도 정말 빨라요. 1초에 약 30만 킬로미터나 갈 수 있지요. 빛은 같은 물질 안에서는 속도가 같지만, 파장은 달라요. 파장은 떨림 같은 거예요.

  빛에도 여러 종류가 있는데, 그중 가장 대표적인 것이 적외선과 자외선이에요. 눈병이나 귓병이 걸렸을 때 병원에서 쏘여 주는 빨간 빛을 본 적이 있나요? 그게 바로 적외선이랍니다. 또 자외선은 세균을 죽이고 물, 이불 등을 소독해 주는 인간에게 필요한 빛이랍니다. 그런가 하면 병원에서 사용하는 방사선도 있어요. 방사선으로 병을 진단하고 치료해요. 마지막으로 전파는 주로 위성 방송, 텔레비전 방송 등 통신과 관련된 일을 하는 빛이에요. 이 책은 이처럼 다양한 빛을 소개하고, 어떻게 만들어지고 움직이는지, 그리고 굴절 등 빛의 특성도 다루며 빛에 대해 많은 것을 알려 줘요.

세상을 꾸민 요술쟁이 빛 오채환 글, 홍원표 그림 | 웅진주니어 | 2010

늘 우리 곁에 있는 빛에 대해 조목조목 알려 줘요. 빛의 종류부터 시작해서 빛의 속도, 빛이 만들어지는 원리 및 빛의 성질까지 어린이가 빛을 친근하고 쉽게 이해할 수 있도록 만화와 캐릭터를 활용해 재밌게 구성했어요.

라온쌤 뉴스 제35호 키워드 #빛 공해 #친환경 조명

밤하늘도 사라진 잠 못 이루는 도시

도시의 거리는 밤에도 환하다. 24시 편의점부터 밤늦게까지 영업하는 가게의 불빛은 꺼지지 않는다. 영업이 끝났어도 간판 불을 켜 두는 곳이 많다. 도시의 중심가로 가면 좀 더 화려하다. 늦은 시간까지 영업하는 가게의 간판들이 오색찬란한 불빛을 내뿜고 있다. 그냥 보기에는 반짝이고 화려한 도시의 모습이지만, 사실 이는 빛 공해다.

빛 공해란 필요한 곳을 벗어나 새어 나오는 인공조명이 주변 환경에 나쁜 영향을 주는 현상이다. 불필요하게 밝은 가로등, 간판, 건물 조명 등이 하늘로 빛을 퍼뜨리면서 별을 가리고, 사람들의 수면을 방해한다.

빛은 곧게 나아가고 반사되는 성질이 있다. 그래서 건물 유리나 바닥에 반사되면 생각보다 더 멀리 퍼진다. 그로 인해 **도심**의 밤은 완전히 어두워지지 않고, 도시 사람들은 생체 리듬이 깨져 쉽게 피로를 느낀다.

또한, 빛에 민감한 동물들도 위험에 처한다.

아름다운 도시의 야경이 공해가 될 수도 있구나!

밤에 이동하는 철새가 빛 때문에 길을 잃거나, 밤에 활동하는 곤충이 빛에 끌려 죽는 경우도 많다. 그 밖에도 해양 생물을 위험에 빠뜨리거나 식물의 생장 주기를 방해하는 등 다양한 생태계 **교란**을 일으킨다.

최근에는 불필요한 조명을 줄이고, 아래 방향으로만 빛을 비추는 '**친환경 조명**'을 사용하는 도시도 늘고 있다. 우리가 빛을 어떻게 사용하느냐에 따라, 밤하늘과 자연을 지키고 사람들의 건강도 지킬 수 있음을 기억하자.

🔍 어휘 톡톡

- **도심** 도시의 중심
- **교란** 상황을 어지럽고 혼란하게 만듦
- **친환경 조명** 자연과 사람에게 해가 덜 가고, 에너지 낭비를 줄이는 조명 방식

 **《세상을 꾸민 요술쟁이 빛》은 어떤 책일까?**

가시광선이 사람에게 주는 이점은 무엇인가요?

빛이 1초에 이동하는 거리는 얼마인가요?

 **기사를 읽은 후에 알게 된 것은?**

도시 거리가 밤에도 화려한 이유는 무엇인가요?

빛 공해가 사람에게 주는 피해는 무엇인가요?

 **책과 기사를 읽은 후 하고 싶은 말**

빛 공해로 인해 불편했던 경험이 있나요?(예 불빛 때문에 밤에 잠이 잘 오지 않았거나, 밝은 간판 때문에 눈이 아팠을 때) 그때 무엇이 불편했고, 왜 그런 일이 생겼는지 생각한 후 써 보세요.

 **내 안의 생각 끌어내기**

사람이 만든 인공 조명을 줄이려면, 우리 집에서 어떤 것을 먼저 바꿔야 할지 써 보세요.

태양 빛부터 시작해 인공 빛까지, 우리 주변에 빛이 항상 있다 보니 그 고마움을 잘 모르고 사는 경우가 많아요. 실제로 전기가 없다고 생각만 해도 불편한데 말이에요. 하지만 기사에서처럼 인공 빛이 너무 심해지면 빛 공해가 되기도 한답니다. 이 책을 통해 빛에 대해 배워 보고, 빛 공해에 대해서도 생각해 보길 바라요.

교과 연계 : 4-2 사회_사회 변화와 문화의 다양성   난이도 ★★☆☆

먹지 않아도 되는 하이브리드형 인간의 탄생

> 나는 스스로 광합성하는 녹색 인간!

이 책에 나오는 녹색 인간은 인간과 식물의 유전자를 결합해 스스로 광합성을 하고 포도당을 만들어 내는 인간이에요. 곡식이 모두 사라진 후에 만들어진 녹색 인간은 단백질 섭취를 위해 애벌레 쿠키, 굼벵이즙, 귀뚜라미 튀김 등을 먹어요.

그린필드는 녹색 인간이 사는 부자들의 풍요로운 땅으로, 레드 써클이 있어야 들어갈 수 있지요. 여기서 태어나는 아이들은 가족에게 레드 써클을 받고, 오리진 필드에서 만든 곤충 쿠키 등을 먹고 살아요. 그런가 하면 오리진 필드는 녹색 인간이 되지 못한 사람들이 굶주리며 사는 곳이에요. 이곳 사람들은 그린 필드에서 원조해 주는 곡식으로 근근이 살아가요.

그린 필드에 있는 알파 연구소는 2055년 김석중이 설립한 곳으로, 예방 접종과 차후 생길 질병까지 관리해요. 곡식을 의도적으로 숨겨 두고 유전자 조작으로 씨앗을 변형하지요. 바이러스 V14를 대량 배양하기도 해요. 김석중은 그린필드 아이들에게 이 바이러스를 주입해 오리진 필드로 보내 식량 대란, 질병 대란을 일으키려고 하지요. 알파 연구소 연구원인 이바로가 이 사실을 알게 된 후 죽임을 당하고 말아요. 그는 죽기 전 우연히 서린을 만나 레드 써클을 주고 아이들을 지켜야 한다는 말을 남겨요. 서린은 과연 이 문제를 해결할 수 있을까요?

녹색 인간 신양진 글, 국민지 그림 | 별숲 | 2020

미래 사회, 지구에 식량 대란이 일어나자 어느 과학자가 유전자 조작 기술을 이용해 인류를 구해요. 그가 만든 녹색 인간은 스스로 포도당을 만들어 내 곡식을 먹지 않아도 살아갈 수 있는 인간이에요. SF 창작 동화로 식량 생산과 공급의 불균형에 대해 깊이 생각해 보게 해요.

라온쌤 뉴스 제36호 　　　　　　　　　　　키워드 #유전자 조작 #식량 위기

유전자 조작 식품, 식량 위기의 해답이 될 수 있을까?

식량 문제를 해결하기 위한 유전자 조작 기술은 꽤 오래전부터 활용되고 있다. 유전자 조작이란 식물이나 동물의 유전자를 바꾸어 병에 강하게 만들거나, 더 잘 자라게 하는 기술이다. 가장 처음 상업적으로 재배된 유전자 조작 작물은 1994년 미국에서 개발된 '플레이버 세이버 토마토'이다. 쉽게 무르지 않도록 숙성 속도를 늦춘 것이 특징이다. 최근에는 곰팡이병에 강한 바나나, 매운맛을 줄인 채소, 가뭄에도 잘 자라는 쌀 등이 개발되었다. 이런 식품들은 기후 변화로 작물이 자라기 어려운 지역에서도 식량을 생산할 수 있게 도와준다.

하지만 유전자 조작 식품이 건강에 해롭지 않은지, 자연에 어떤 영향을 미칠지는 여전히 논란이 많다. 아직 이를 뒷받침할 충분한 자료가 없기 때문이다. 그래서 많은 나라에서는 유전자 조작 식품이 안전한지 엄격히 검사하고, 제품에 표시하도록 법으로 정하고 있다. 우리나라에서도 소비자가 식품 정보를 쉽게 알 수 있도록 표시 제도를 강화하려는 움직임이 있다.

유전자 조작 식품은 미래 식량 문제를 해결할 수 있는 하나의 방법이지만, 정말 안전한지, 그리고 윤리적으로 괜찮은지에 대해 깊이 고민해 보아야 한다. 과학 기술이 발달하는 만큼, 올바른 선택을 위해 우리 모두가 신중해야 할 문제이다.

> 유전자 조작 식품은 정말 안전할까?

어휘 톡톡

- **유전자** 생물의 특징을 정해 주는 아주 작은 단위
- **작물** '농작물'의 줄임말로, 사람이 밭이나 논에서 키우는 식물

 《녹색 인간》은 어떤 책일까?

녹색 인간이란 무엇인가요?

알파 연구소의 김석중이 꾸민 일은 무엇인가요?

기사를 읽은 후에 알게 된 것은?

유전자 조작이란 무엇인가요?

유전자 조작 식품에 대해서 어떤 논란이 계속되고 있나요?

 **책과 기사를 읽은 후 하고 싶은 말**

유전자 조작 식품은 미래 식량 문제를 해결할 방법이 될 수도 있지만, 그로 인해 어떤 문제가 생길지 알 수 없어요. 여러분은 유전자 조작 식품이 앞으로 우리 삶에 꼭 필요하다고 생각하나요? 찬성 또는 반대의 이유를 들어 자세히 써 보세요.

 **내 안의 생각 끌어내기**

만약 여러분이 '녹색 인간'처럼 먹지 않고도 살 수 있다면, 좋은 점과 아쉬운 점은 무엇일까요? 두 가지를 나누어 생각한 후 각각 써 보세요.

 **라온쌤의 책 속으로**

지구에 식량 대란이 일어난다는 상황부터 하이브리드형 인간의 탄생까지, 이 이야기는 설정 자체가 매우 흥미로워요. 게다가 나쁜 마음을 품은 과학자의 시도가 인류를 어떻게 위험에 빠뜨리는지 가슴을 졸이며 읽다 보면, 결말이 궁금해서 책장이 계속 넘어간답니다. 이 이야기를 통해 미래 식량 위기 문제도 함께 고민해 보길 바라요.

과학·환경 하루 한 장 초등 필독서

교과 연계 : 6-1 과학_지구와 달의 운동   난이도 ★★★☆☆

신비롭고 재밌는 지구와 달

　가끔 지구가 정말 둥글지 의문이 들 때가 있어요. 하지만 지구가 둥글다는 증거는 많이 있답니다. 바다에서 배가 멀리 갈수록 점점 아래로 사라지는 것, 남반구와 북반구에서 보는 별이 다른 것, 해 뜨는 시간이 지역마다 다른 것, 월식 때 보이는 지구의 그림자가 둥근 모양이라는 것 등이 그 증거예요. 우주에서 찍은 지구의 사진도 둥근 모양이지요.

　지구는 스스로 도는 '자전'을 해요. 지구가 자전하는 데 중심이 되는 축을 '자전축'이라고 하지요. 태양을 기준으로 삼으면 지구가 몇 번 자전하는지도 알 수 있어요.

　지구가 태양의 둘레를 도는 운동은 '공전'이라고 해요. 지구가 태양 둘레를 공전하는 길은 '공전 궤도'라고 하고요. 지구의 공전으로 인해 별자리가 계절별로 달라진답니다.

우주에서 바라본 지구는 정말 아름다워!

　밤하늘에 떠 있는 달의 표면은 울퉁불퉁하고 흙과 돌로 덮여 있어요. 갈릴레이는 달이 매끄러울 거로 생각했지만, 막상 망원경으로 달을 보니 생각했던 것과 달랐답니다. 달의 표면에서 거무스름한 부분을 '달의 바다'라고 불러요. 밝게 보이는 부분은 '달의 대륙'이라고 하지요.

　달에는 공기가 없어 숨을 쉴 수 없어요. 게다가 소리도 들을 수 없지요. 그래서 우주 비행사들은 전파를 이용해 소리를 전달하는 무전기를 이용해요. 공기가 없으니 수증기가 생길 수도 없어요. 그래서 비나 눈도 내리지 않는답니다.

용선생의 시끌벅적 과학 교실 3 (지구와 달)
사회평론 과학교육연구소, 김형진, 설정민, 이명화, 이현진 글 외 5명 | 사회평론 | 2019

우리가 사는 지구, 그리고 저 멀리 달에 대한 상식을 차근차근 풀어 주는 책이에요. 지구의 자전과 공전으로 인해 생기는 일, 달의 뒷면을 볼 수 없는 이유 등에 대해 어린이의 눈높이에 맞게 설명해요.

라온쌤 뉴스 제37호   키워드 #달 탐사 #우주 여행

우주 시대의 문이 열린다

요즘 세계 여러 나라가 달을 탐사하고 기지를 짓기 위한 경쟁을 벌이고 있다. 미국은 '아르테미스 계획'을 세워 2026년쯤 아르테미스 2호에 우주인을 실어 사람을 다시 달에 보내려 한다. 중국은 달 뒷면 착륙에 성공한 데 이어 달 기지를 짓는 로봇을 만들고 있으며, 일본과 유럽도 달 탐사에 힘을 쏟고 있다. 우리나라 역시 달 궤도선 '다누리'를 성공적으로 쏘아 올려, 앞으로 독자적인 달 착륙선을 개발하겠다는 계획을 세우고 있다.

달은 공기가 없고 낮과 밤의 온도 차가 심해 사람이 살기 어려운 곳이다. 낮에는 섭씨 100도 이상, 밤에는 영하 150도 이하로 떨어지는 극심한 온도 변화 때문에 지구처럼 생활하기가 거의 불가능하다. 또한 대기가 없어 우주 방사선과 유성 충돌에 그대로 노출된다는 점도 위험 요소다. 하지만 과학자들은 달의 남극 지역에 있는 얼음과 자원을 이용해 물, 산소, 에너지를 만들어 우주에서 살아갈 방법을 연구

세계 여러 나라가 달 탐사 기지를 짓기 위해 경쟁 중이야!

하고 있다. 달 기지는 장차 화성 탐사의 중간 기지로도 활용될 수 있어 주목받고 있다.

이제는 우주 관광도 현실이 되고 있다. 실제로 스페이스X와 아마존 같은 기업들이 우주 관광 산업 개발에 많은 투자를 하고 있다. 머지않아 우리도 지구를 벗어나 우주의 경이로움을 직접 마주하게 될 날이 올지도 모른다.

🔍 어휘 톡톡
- **기지** 우주인이나 탐험대 따위의 활동의 기점이 되는 장소
- **독자적** 남에게 기대지 않고 혼자서 하는 것

 《용선생의 시끌벅적 과학 교실 3》은 어떤 책일까?

지구가 둥글다는 증거를 하나만 써 보세요.

달의 표면은 어떤 모습인가요?

 기사를 읽은 후에 알게 된 것은?

미국의 아르테미스 계획이란 무엇인가요?

달에는 왜 사람이 살 수 없나요?

 **책과 기사를 읽은 후 하고 싶은 말**

세계 여러 나라가 달 탐사선을 개발하고 있어요.
이처럼 달 탐사를 통해 각 나라가 얻을 수 있는 이로움은 무엇인지 생각한 후 써 보세요.

 **내 안의 생각 끌어내기**

달에는 공기가 없고 소리도 들리지 않아요. 만약 여러분이 우주비행사가 되어 달에 간다면, 가장 먼저 해 보고 싶은 일은 무엇인가요? 그 이유와 함께 써 보세요.

    과학은 쉬운 듯 어려워요. 우리를 둘러싼 모든 것이 과학인데 말이에요. 이 책은 '지구는 둥글다'처럼 우리가 당연히 알지만 이유는 설명하기 어려운 사실들에 대해 친절하고 재미있게 알려 줘요. 이 책을 통해 지구와 달에 대한 이해를 한 후, 지금 인간이 계속 개발 중인 달 탐사에 대한 생각까지 이어서 한다면, 우리의 생각도 쑥쑥 자랄 수 있답니다.

교과 연계 : 4-2 과학_화산과 지진   난이도 ★★★☆☆

자연스러운 지구의 움직임, 지진과 화산

땅이 흔들리는 현상을 '지진'이라고 해요. 지진은 땅속의 '진원'이라는 곳에서 땅이 울리듯 진동하며 시작되는데, 그 힘이 지표면까지 전해져 땅이 크게 흔들려요. 그래서 지진은 한 번 발생하면 많은 이에게 피해를 준답니다.

지진을 이해하려면 지구의 속부터 알아야 해요. 지구는 겉에서부터 지각, 맨틀, 외핵, 내핵으로 이루어져 있어요. 지구는 살아 있는데, 지진과 화산 활동이 일어나는 현상들이 그 증거랍니다. 지진과 화산 활동이 일어나지 않으면, 지구는 내부가 너무 뜨거워져 결국 폭발할 수도 있어요. 그러면 그 위에 사는 생명체도 위험해질 거예요. 그래서 지진과 화산 활동의 원인인 지각 활동은 꼭 필요한 거랍니다.

과학자들이 지진이 자주 일어나는 지역을 조사해 보았어요. 지구는 마치 퍼즐 조각처럼 10여 개의 판으로 이루어져 있는데, 이 판의 경계에서 주로 지진이 일어나요. 특히 이웃 나라 일본은 '불의 고리'라고 불리는 '환태평양 지진대'에 속해 있어 지진이 자주 일어난답니다. 지진은 바닷속에서도 일어날 수 있어요. 이를 '지진 해일' 혹은 '쓰나미'라고도 해요.

지금도 지구는 지각 운동을 하고 있고, 앞으로도 지진은 일어날 거예요. 예측하기 힘든 자연의 움직임에 우리는 잘 대비하는 수밖에 없답니다.

오늘도 흔들흔들 지진 연구소 김남길 글, 이리 그림 | 풀과바람 | 2018

지구의 구조부터 지진과 화산의 발생 원인, 지구가 처음 생겨난 과정과 빅뱅, 지진의 종류, 쓰나미, 지진 측정 기준 등에 대해서 상세히 알려 줘요. 더는 '지진 안전지대'가 아닌 우리 나라를 살아갈 어린이들에게 꼭 필요한 지진 상식을 채워 주는 책이에요.

라온쌤 뉴스 제 38호   **키워드** #지진 #대비 훈련

한반도는 지진 안전지대일까?

최근 한반도에서 지진이 잇따라 발생하면서 우리나라가 더 이상 지진으로부터 안전하지 않다는 우려가 커지고 있다.

2024년 11월, 경북 울진 앞바다에서 규모 4.5의 지진이 발생했다. 이어서 2025년 3월에도 경북 영덕에서 규모 4.0의 지진이 감지되며 주민들이 불안해했다. 특히 이 지역은 2016년 경주 지진(규모 5.8), 2017년 포항 지진(규모 5.4) 등 과거에도 큰 지진이 발생한 곳으로, 지진이 반복되고 있는 곳이다.

우리나라도 지진 대비 훈련이 필요해요!

전문가들은 경북 동해안 지역은 활성단층이 존재하는 곳으로, 더 큰 지진이 일어날 가능성이 있다고 말한다. 한반도는 지진 발생이 드문 지역으로 알려져 왔지만, 최근 10년간 관측된 지진의 횟수와 규모가 증가하고 있다. 기상청에 따르면, 2023년에는 규모 2.0 이상의 지진이 100건 이상 관측되었다.

이처럼 지진이 점점 자주 일어나고 있지만, 많은 국민이 아직 지진에 대한 대비가 부족하다. 아직 학교에서는 지진 대피 훈련이 제대로 이루어지지 않고 있으며, 지진에 대비한 건물 내 내진 설계가 미비한 곳도 많다.

지진 전문가들은 이제는 한반도도 지진 위험 지역이라는 경각심을 갖고, 학교와 가정에서 대비책을 세워야 한다고 강조한다. 갑작스러운 지진에 대비해 안전한 장소를 미리 정하고, 떨어지는 물건에 다치지 않도록 대비 훈련을 해야 한다.

🔍 **어휘 톡톡**
- **감지** 어떤 현상이나 변화를 알아차리는 것
- **활성단층** 지금도 움직이거나 움직일 수 있는 단층
- **관측** 자연 현상을 자세히 살펴보는 것

《오늘도 흔들흔들 지진 연구소》는 어떤 책일까?

지구는 겉에서부터 속까지 어떻게 이루어져 있나요?

일본에서 지진이 자주 발생하는 이유는 무엇인가요?

기사를 읽은 후에 알게 된 것은?

경북 동해안 지역에 지진이 계속 발생할 수 있다고 보는 이유는 무엇인가요?

전문가들은 지진에 대비해 무엇을 해야 한다고 말하고 있나요?

 **책과 기사를 읽은 후 하고 싶은 말**

지진 피해가 커지면 많은 사람이 집을 잃거나 안전한 곳으로 이동해야 해요.
이런 상황에서 정부와 사회는 어떤 도움을 줘야 한다고 생각하는지 써 보세요.

 **내 안의 생각 끌어내기**

만약 우리 동네에 지진이 일어난다면 어떻게 해야 할까요? 학교나 집에서
준비할 수 있는 지진 대비 방법을 생각해 보고, 나만의 지진 대비 계획을 써 보세요.

우리가 사는 지구에서 일어나는 모든 일은 지구 입장에서 꼭 필요한 일이에요. 하지만 지구에 터를 잡고 사는 사람들에게는 무서운 일이 되지요. 그래서 갑자기 닥치는 천재지변에 미리 대비하는 것이 중요해요. 몇 년 사이 우리나라도 지진이 자주 발생하면서 국민의 불안감이 높아지고 있어요. 이웃 나라인 일본에서 큰 지진이 있을 거라는 이야기도 종종 들려오고요. 그럴 때일수록 지진에 대해 정확히 알아 두면, 안전한 대비 방법을 찾을 수 있을 거예요.

과학·환경 | 하루 한 장 초등 필독서

교과 연계 : 6-1 과학_식물의 구조와 기능   난이도 ★★★★☆

아는 듯 몰랐던 식물의 모든 것

식물의 습성이 이렇게나 다양하다니!

　곤충을 잡아먹는 식물이 있대요! 바로 식충 식물이에요. 식충 식물은 양분을 얻기 힘든 습지에 주로 살아요. 그중 대표적인 식물이 '끈끈이주걱'이에요. 끈끈이주걱은 자기 몸에 달라붙은 벌레를 도망가지 못하게 잡은 후에 영양분을 빨아들여요. 다 먹고 나면 다시 털을 쫙 펼쳐 다른 벌레를 기다리지요. '벌레잡이통풀'이라는 식물은 곤충이 좋아하는 냄새를 내뿜어 곤충을 유인해요. 유인된 곤충이 다가왔다가 벌레잡이통풀의 통 속에 빠지면 죽게 되고, 서서히 분해되어 영양분이 되는 거예요.

　지독한 냄새를 내뿜는 식물로는 '라플레시아'가 유명해요. 인도네시아의 숲에서 사는 이 식물은 지름이 무려 1미터로 세계에서 가장 큰 꽃이에요. 꽃이 피는 데까지 한 달이나 걸리고, 5~7일 후에는 시들어요. 라플레시아의 꽃에서는 고기가 썩는 듯한 냄새가 나요. 파리가 이 냄새를 맡고 와서 꽃가루를 옮겨 주면 라플레시아는 시들지요.

　빵이 열리는 빵나무도 있어요. 열대 지방에 사는 빵나무는 일 년에 두세 번 정도 열매를 맺는데, 열매가 빵 모양과 비슷하고 그 크기가 축구공만 하다고 해요. 이 열매는 주로 구워 먹거나 삶아 먹으며, 열매 하나에 밥 한 공기의 열량이 들어 있어요.

　그 밖에도 식물의 종류, 초록색의 비밀, 식물 속 구조, 번식, 생존법, 식물의 환경 적응법 등 신비한 식물의 세계를 이 책을 통해 자세히 알아볼 수 있어요.

재미있는 식물 이야기 (신문이 보이고 뉴스가 들리는)
최주영 글, 원일러스트 그림, 이경준 감수 | 가나출판사 | 2014

우리가 잘 몰랐던 신기한 식물들의 이야기로 시작하여, 식물을 분류하는 법, 각 기관이 하는 일, 씨 퍼트리는 법 등 식물의 다양한 특성을 알려 주는 책이에요. 생생한 식물 그림이 많이 실려 있어 자세히 관찰하면서 식물을 이해할 수 있어요.

라온쌤 뉴스 제39호 키워드 #들꽃 보호 #식물 다양성

우리 곁에서 사라지는 들꽃들

최근 경기도 양산에서 멸종위기 식물인 '선제비꽃'의 새로운 자생지가 발견되었다는 소식이 전해졌다. 이전까지는 경남 양산의 한 곳에서만 자라는 것으로 알려졌던 이 꽃이 다른 지역에서도 발견되면서 많은 사람이 멸종 위기 식물에 대해 다시 관심을 가지게 되었다.

선제비꽃은 아름답고 희귀하여 주목받아 왔지만, 사람들이 자연을 훼손하거나 날씨가 달라지면서 점점 사라지고 있다. 이것은 단지 선제비꽃만의 문제가 아니라, 우리 자연과 생태계 전체가 위험해질 수 있다는 신호이기도 하다.

식물은 우리가 숨 쉬는 데 꼭 필요한 산소를 만들어 주고, 동물들에게는 먹이와 집이 되어 준다. 그래서 식물들이 줄어들면 그 식물에 기대어 살아가는 동물도 함께 어려움을 겪는다.

예전에는 들에서 쉽게 볼 수 있었던 들꽃들이 점점 사라지고 있다. 도시가 넓어지고, 농약을 많이 쓰고, 날씨가 달라지는 등의 여러 가지 이유 때문이다. 하지만 이런 변화는 우리가 조금만 관심을 가지면 늦출 수 있는 문제다.

지역 사회에서는 들꽃을 지키기 위한 캠페인을 열고, 학교에서는 식물을 관찰하며 자연을 사랑하는 마음을 키우는 활동이 필요하다. 또한, 나라와 지방에서는 들꽃 보호를 위한 정책을 고민해야 한다. 식물의 다양성을 유지하는 일은 자연뿐만 아니라 결국 사람들의 삶을 더 건강하고 풍요롭게 하는 일이다.

다양한 식물이 있어야 사람도 건강하게 살 수 있어요!

🔍 **어휘 톡톡**
- **자생지** 식물이나 동물이 자연스럽게 살아가는 장소
- **훼손** 어떤 것을 망가뜨리거나 상하게 하는 것
- **캠페인** 많은 사람에게 어떤 내용을 알리거나 함께 실천하도록 하는 활동

 《재미있는 식물 이야기》는 어떤 책일까?

끈끈이주걱은 어떻게 영양분을 얻나요?

빵나무 열매의 특징은 무엇인가요?

기사를 읽은 후에 알게 된 것은?

식물의 역할은 무엇인가요?

들꽃 보호를 위해 지역 사회에서 해야 하는 일은 무엇인가요?

책과 기사를 읽은 후 하고 싶은 말

도시에 사는 들꽃을 지키기 위해 우리 마을에서 어떤 캠페인을 진행하면 좋을까요? 구체적인 방법을 써 보세요.

내 안의 생각 끌어내기

여러분이 알고 있는 식물이나 직접 키워 본 식물이 있나요? 그 식물에 대해 자유롭게 써 보세요.

라온쌤의 책 속으로

고개만 돌리면 주변에서 쉽게 식물을 볼 수 있어요. 그러나 바쁘게 살아가는 우리는 종종 그 여유를 잊고 지내곤 해요. 우리에게 이름이 있듯이, 식물도 각자 이름이 있답니다. 잠시 걸음을 멈추고 식물의 이름을 불러 주면 어떨까요? 이 책을 통해 식물에 대해 좀 더 관심과 애정이 생기길 바라요.

과학·환경 하루 한 장 초등 필독서

교과 연계 : 6-2 과학_우리 몸의 구조와 기능   난이도 ★★★★☆

복잡하지만 신기한 우리 몸 이야기

뇌는 우리 몸을 움직이고 조절하는 대장이에요. 기억을 저장하고, 감정을 조절하며, 들어온 정보를 처리하고, 몸을 곧게 세우는 일까지 모두 뇌가 맡고 있어요. 근육의 움직임을 살피는 일도 뇌가 하지요. 우리 몸을 감싸고 있는 피부 세포는 약 4주마다 떨어져 나가는데, 목욕할 때 나오는 '때'가 바로 죽은 피부 세포예요. 피부의 가장 바깥층인 각질층 덕분에 우리는 피부를 촉촉하고 매끄럽게 유지할 수 있지요. 또 피부에는 땀샘이 있어서, 땀을 통해 몸속 노폐물을 배출하고 체온을 알맞게 조절해요.

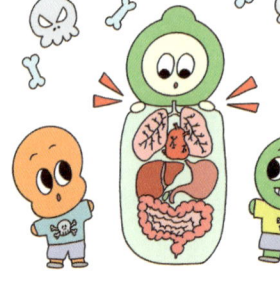

몸을 움직이려면 저마다 맡은 일을 열심히 해야 해!

우리 몸에는 모두 206개의 뼈가 있어요. 아기 때는 약 350개였지만, 자라면서 작은 뼈들이 합쳐져 숫자가 줄어든 거예요. 뼈는 다양한 모양으로 몸의 골격을 이루고, 우리가 서 있거나 움직일 수 있도록 도와줘요. 또 중요한 내장 기관을 보호하는 역할도 하지요. 뼈는 주로 칼슘으로 이루어져 있어서 칼슘을 충분히 먹지 않으면 뼈가 약해질 수 있어요.

우리는 매일 음식을 먹기 때문에 소화 기관의 역할도 아주 중요해요. 입, 간, 쓸개, 식도, 위, 이자, 작은창자, 큰창자, 직장, 항문이 소화 기관에 해당해요. 음식이 입으로 들어가 항문으로 나올 때까지, 이 기관들은 각자 맡은 역할을 하며 바쁘게 움직이지요.

이 외에도 우리 몸에는 감각 기관, 방어 체계, 생식 기관, 호흡 기관 등이 있어 온종일 열심히 일하며 우리 몸을 지켜 주고 있어요.

똑똑한 우리 몸 설명서 황근기 글, 신동민 그림 | 살림어린이 | 2015

우리 몸의 뇌부터 피부, 소화 기관과 감각 기관 그리고 위험한 상황에서 응급처치하는 법까지 마치 백과사전처럼 몸에 대한 모든 것을 알려 주는 책이에요. 잘 아는 것 같지만, 사실 우리가 모르는 이야기로 가득 차 있는 이 책을 읽으면 재미있는 일러스트와 함께 건강 상식과 인체 과학을 쉽게 이해할 수 있답니다.

라온쌤 뉴스 제40호　　　　　　　　　　　　　키워드 #AI의사 #의학

AI 의사가 사람 몸을 진단한다고?

AI 의사는 진단이 정확하겠지만, 환자의 마음까지 이해할 수 있을까?

　최근 병원에서는 인공지능(AI)이 사람을 대신해 병을 진단하는 일이 늘고 있다. 예를 들어, 영국의 헬스테크 기업 에즈라(Ezra)는 AI를 활용한 전신 MRI 및 저선량 CT 스캔을 통해 암과 다른 건강 문제를 일찌감치 발견하고 있다. 이 스캔은 약 1시간 정도 소요되며, AI가 이미지를 분석하여 이상 징후를 찾아낸다. 또한, 핀란드의 한 연구에서는 AI가 9,579개의 흉부 엑스레이를 분석하여 정상 소견을 정확히 판별해 내기도 했다. 이러한 사례들은 AI가 의료 현장에서 진단을 보조하는 데 큰 도움을 주고 있음을 보여 준다.

　많은 의료 전문가는 AI가 병을 진단하는 능력과 효율성에 대해 좋게 평가하고 있다. AI는 많은 양의 의료 데이터를 빠르게 분석하고, 의사가 놓칠 수 있는 작은 징후나 패턴을 찾아내는 데 뛰어난 능력을 보여 주고 있기 때문이다. 미국의사협회(AMA)가 실시한 조사에 따르면, 의사의 72%가 AI가 진단 능력을 더 높여줄 거로 기대한다고 말했다. 더불어 일의 효율성도 올라갈 것이라 답했다.

　사람의 몸은 매우 복잡하다. 뇌, 심장, 폐, 간, 위, 장 등 여러 기관이 서로 연결되어 작동한다. 이러한 복잡한 시스템이 잘 작동해야 건강을 유지할 수 있다. 하지만 AI는 사람의 감정이나 복잡한 사연까지는 잘 알지 못한다. 결국 AI가 혼자 진료하지 않고 반드시 의사와 함께 협력하는 방식으로 나아가야 할 것이다.

🔍 **어휘 톡톡**
- **징후** 어떤 일이 일어날 것 같은 느낌이나 표시
- **소견** 어떤 일에 대해 자신의 의견이나 판단

 **《똑똑한 우리 몸 설명서》는 어떤 책일까?**

뇌가 하는 일을 두 가지만 써 보세요.

뼈가 하는 일을 두 가지만 써 보세요.

기사를 읽은 후에 알게 된 것은?

AI가 병원에서 하는 역할은 무엇인가요?

AI를 활용하는 것에 대해 의료 전문가들은 어떤 반응을 보이고 있나요?

 **책과 기사를 읽은 후 하고 싶은 말**

AI는 사람보다 빠르고 정확하게 몸속 이상을 찾아낼 수 있지만, 사람의 감정이나 아픈 마음까지 알지는 못해요. 병원에서 AI와 사람 의사가 각각 어떤 역할을 하면 좋을지 써 보세요.

 **내 안의 생각 끌어내기**

몸이 아닌 마음이 몹시 우울한 환자에게 AI 의사와 사람 의사는 각각 어떤 말과 진단을 할까요? 자유롭게 상상한 후 써 보세요.

AI 의사 :

사람 의사 :

 **라온쌤의 책 속으로**

우리 몸의 주인은 바로 나예요. 그런데 의외로 우리는 몸에 대해 잘 모르는 것 같아요. 이 책은 우리 몸을 상세히 나누어서 정확한 의학 단어들로 설명해 주고 있어요. 몸에 대해 잘 알아야 우리 건강도 지킬 테니 책 분량이 많더라도 곁에 두고 차근차근 읽어 보세요! 내 몸을 자세히 알면 더 사랑하고 싶어질 거예요.

토론하고 생각 쓰기

"AI의 수술, 괜찮을까?"

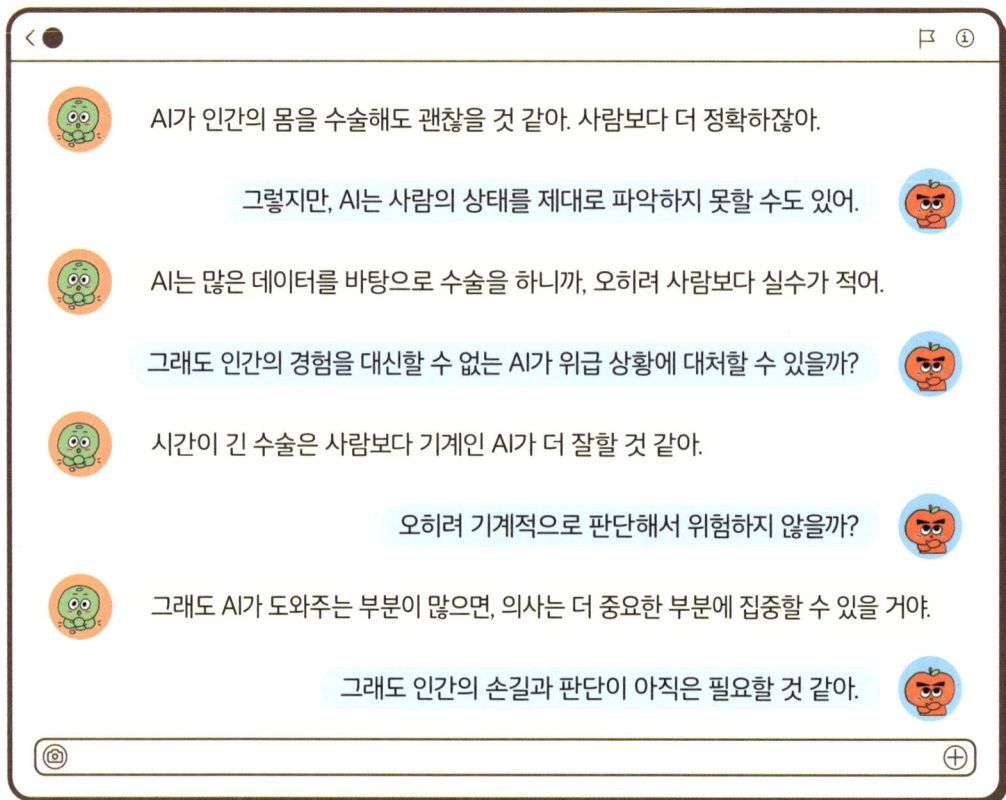

- AI가 인간의 몸을 수술해도 괜찮을 것 같아. 사람보다 더 정확하잖아.
- 그렇지만, AI는 사람의 상태를 제대로 파악하지 못할 수도 있어.
- AI는 많은 데이터를 바탕으로 수술을 하니까, 오히려 사람보다 실수가 적어.
- 그래도 인간의 경험을 대신할 수 없는 AI가 위급 상황에 대처할 수 있을까?
- 시간이 긴 수술은 사람보다 기계인 AI가 더 잘할 것 같아.
- 오히려 기계적으로 판단해서 위험하지 않을까?
- 그래도 AI가 도와주는 부분이 많으면, 의사는 더 중요한 부분에 집중할 수 있을 거야.
- 그래도 인간의 손길과 판단이 아직은 필요할 것 같아.

 AI 수술은 이미 일부 시행되고 있어요. 앞으로 인간과 AI가 수술을 어떤 방식으로 협조하는 게 좋을지 여러분의 의견을 써 보세요.

"내 건강을 위해 할 수 있는 일은 뭐지?"

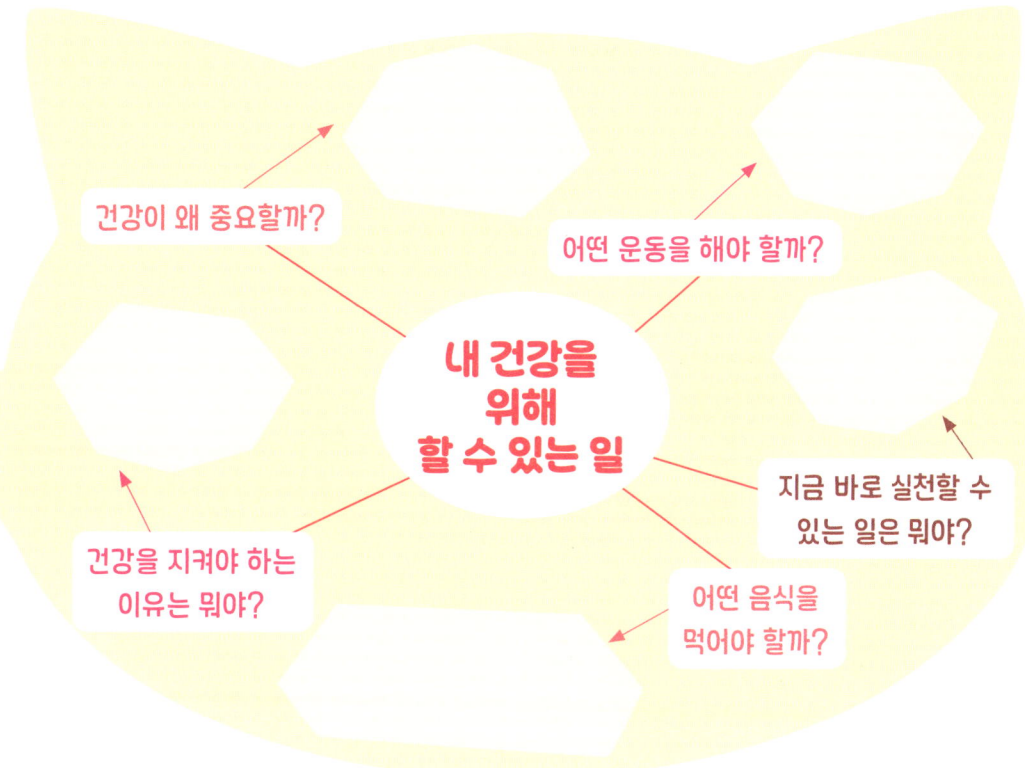

- 건강이 왜 중요할까?
- 어떤 운동을 해야 할까?
- 건강을 지켜야 하는 이유는 뭐야?
- 지금 바로 실천할 수 있는 일은 뭐야?
- 어떤 음식을 먹어야 할까?

내 건강을 위해 할 수 있는 일

건강은 늘 지켜야 하는 거예요. 우리가 건강하게 생활하기 위해 당장 실천할 수 있는 일들을 찾아서 써 보세요.

6장

고전

(우리 고전·서양 고전)
Book & News

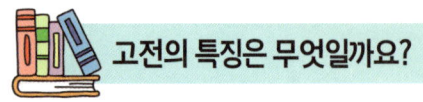 고전의 특징은 무엇일까요?

시간을 넘어 전해지는 삶의 지혜

고전은 오랜 시간 수많은 사람에게 읽히고 사랑받으며 그 가치를 인정받은 작품들을 말해요. 예전에 쓰인 이야기이지만, 시대를 넘어 인간의 본성, 삶의 진리, 사회의 다양한 모습 등 변하지 않는 중요한 가치를 담고 있어요.

우리 고전에는 한국인의 삶과 정서, 역사와 문화가 고스란히 담겨 있으며, 서양 고전은 서양 문화의 뿌리를 이룬 것들에 대한 이야기와 인류 보편의 지혜를 담고 있어요. 고전 작품들은 때로는 흥미로운 이야기로 우리를 사로잡고, 때로는 깊은 감동과 깨달음을 선사하며, 우리의 삶을 풍요롭게 만들어 주지요.

고전은 왜 읽어야 할까요?

고전을 읽는 것은 과거의 지혜로운 사람들과 대화하는 것과 같아요. 그들의 경험과 생각을 통해 우리는 삶의 중요한 가치인 정의, 용기, 우정, 사랑, 지혜 등을 배우고 나아가 내면의 성장을 이룰 수 있어요.

시대를 초월하여 많은 사람에게 공감을 얻은 고전 작품 속에는 사람들의 공통된 고민과 갈등이 담겨 있고, 이를 통해 우리는 자신을 돌아보고 삶의 방향을 정하는 데 도움을 받을 수 있어요. 또한, 고전 작품은 그 시대의 사회상과 문화를 반영하고 있어, 과거 사람들의 삶의 모습을 엿볼 수 있는 귀중한 자료가 되기도 해요. 문학적인 아름다움과 깊이 있는 메시지를 담고 있는 고전 독서는 사고력과 이해력을 향상시키는 데도 큰 도움을 준답니다.

어떤 점에 중점을 두어 읽어야 할까요?

이야기의 내용을 파악한 다음에는 등장인물의 행동과 대사 속에 담긴 의미를 깊이 생각하며 읽어 보세요. '작가는 왜 이 인물을 이렇게 설정했을까?', '이 사건은 우리에게 어떤 교훈을 주는 것일까?'와 같은 질문을 던지면서 작품의 주제와 작가의 의도를 파악하는 것이 중요해요. 또한 현대와 어떤 점이 다른지, 그런 점에서 비판할 만한 것은 없는지도 생각해요.

고전 작품이 쓰인 시대적 배경과 사회 문화적 상황을 이해하는 것도 중요해요. 그래야 작품을 이해하기도 쉽기 때문이지요. 옛사람들의 생각과 현재 우리의 삶이 어떻게 연결되는지 비교하며 생각해 보는 것도 흥미로운 경험이 될 거예요. 때로는 작품 속에 등장하는 상징적인 의미나 비유적인 표현을 찾아보는 것도 작품을 다각적으로 이해하는 데 도움이 돼요. 고전 작품을 읽고 난 후에는 자기 생각이나 느낌을 정리해 보거나 다른 사람들과 토론하는 시간을 가져보는 것도 좋아요.

이런 질문을 해 봐요

오래된 이야기가 아직도 재미있는 이유는 뭘까?
옛날 사람들은 왜 이런 이야기를 만들었을까?
예전 이야기지만 왜 지금과 비슷한 점이 있을까?
인물들은 왜 그렇게 행동했을까?
고전에는 어떤 지혜가 담겨 있을까?
주인공은 왜 항상 어려움을 겪을까?
고전을 읽으면 나에게 어떤 힘이 생길까?
시대는 다르지만 감정은 왜 비슷할까?
우리 고전과 서양 고전은 뭐가 다를까?
이 이야기가 전해지지 않았다면 어땠을까?
이 고전은 왜 아직도 읽힐까?
내가 이 고전을 썼다면 어떻게 바꾸고 싶을까?

흥부와 놀부의 욕심과 나눔

박을 가르니 행복이 마구 쏟아지는구나!

옛날에 흥부와 놀부라는 형제가 살았어요. 형인 놀부는 욕심이 많고 심술궂었지만, 동생인 흥부는 마음씨 착하고 우애가 깊었어요. 부모님이 돌아가시자 놀부는 모든 재산을 독차지하고 흥부 가족을 내쫓았어요. 흥부 가족은 가난과 굶주림에 시달리면서도 착하게 살았어요. 그러던 어느 날, 흥부는 다리가 부러진 제비 새끼를 발견하고 정성껏 치료해 주었어요. 이듬해 봄, 제비는 박 씨앗을 물고 와서 흥부에게 주었어요.

흥부는 씨앗을 심어 박을 수확했는데, 박을 가르자 금은보화와 쌀, 비단 등 엄청난 재물이 나왔어요. 그렇게 흥부는 부자가 되었어요. 그런 흥부의 이야기를 들은 놀부는 질투심에 사로잡혔어요. 그래서 일부러 제비를 잡아서 다리를 부러뜨리고 치료해 주었지요. 아니나 다를까 제비가 놀부에게도 박 씨앗을 가져다 주었어요. 놀부는 잔뜩 기대하며 박을 키웠고, 마침내 박을 가르기 시작했어요. 그런데 이게 웬일인가요? 박 속에서는 온갖 재앙과 벌레들이 나왔어요. 놀부는 결국 모든 재산을 잃고 망하고 말았어요.

흥부는 그런 놀부에게 재산을 나누어 주고 함께 살기로 해요. 놀부는 자기 잘못을 뉘우치며 흥부에게 용서를 구했지요. 흥부와 놀부는 우애 좋게 행복하게 살았답니다.

흥부전 신동흔 글, 김혜란 그림, 전국국어교사모임 기획 | 보리 | 2021

착한 사람은 복을 받고 나쁜 사람은 벌을 받는다는 의미의 권선징악을 나타내는 대표적인 고전 소설이에요. 〈보리 어린이 고전〉 시리즈 중 하나로, 우리 겨레의 정서를 그대로 녹여 낸 그림을 보며 이야기를 생생하게 느낄 수 있게 구성했어요.

라온쌤 뉴스 제41호 키워드 #빈부 격차 #경제 불평등

노력으로도 못 넘는 벽이 있다고?

2025년 대한민국 사회는 빈부 격차가 심각한 문제로 떠오르고 있다. 돈을 많이 버는 상위 20%와 적게 버는 하위 20% 사이의 차이가 매우 크기 때문이다. 이런 경제 불평등은 우리 사회 곳곳에 여러 가지 문제를 일으키고 있다.

빈부 격차가 생기는 가장 큰 이유는 교육의 차이 때문이다. 소득이 많은 집에서 자란 사람은 좋은 교육을 받고 더 많은 정보를 얻어 더 나은 기회를 얻게 된다. 이런 기회는 결국 부자가 되는 길로 이어진다. 하지만 소득이 적은 집에서 자란 사람은 교육을 받기 어려워 기회에서 점점 멀어지고, 그로 인해 가난이 계속 이어지는 악순환이 반복된다.

노동 시장도 점점 양극화되고 있다. 직업에 따라 급여가 다른데, 이것 역시 빈부 격차를 만드는 이유가 된다. 또, 이미 가진 재산에 따라 더 부자가 되거나 더 가난해지기도 한다.

빈부 격차는 사회 여러 면에서 불평등을 일으킨다. 돈으로 인해 공부, 건강, 문화생활 같은 다양한 부분에서도 차이가 생기고, 그로 인해 사람들 사이에 갈등이 생기기도 한다.

청년들 가운데는 "아무리 노력해도 사회가 달라지지 않는다"라며 속상해하고 화를 내는 사람들도 있다.

정부와 사회는 모든 사람에게 공정하게 기회를 주고, 교육의 불평등을 해결할 수 있는 다양한 정책을 만들어야 한다.

부와 상관없이 기회는 똑같이 주어져야 해!

어휘 톡톡

- **경제 불평등** 사람들이 가진 돈이나 재산이 똑같지 않은 상황
- **빈부 격차** 부자와 가난한 사람의 차이
- **양극화** 중간에 있는 사람들이 점점 줄어들고, 아주 부자이거나 아주 가난한 사람만 많아지는 현상

 《흥부전》은 어떤 책일까?

흥부가 가난해진 이유는 무엇인가요?

놀부가 기른 박에서 나온 것은 무엇인가요?

기사를 읽은 후에 알게 된 것은?

우리 사회에 빈부 격차가 생기는 주된 원인은 무엇인가요?

빈부 격차는 사회적으로 어떤 불평등을 일으키나요?

책과 기사를 읽은 후 하고 싶은 말

놀부는 제비를 일부러 다치게 해서 복을 얻으려고 했어요. 이처럼 다른 사람의 돈과 기회를 독차지해 자기만 더 부자가 되려는 사람이 있어요. 이런 행동이 왜 문제가 될지 그 이유를 써 보세요.

내 안의 생각 끌어내기

흥부는 부자가 된 뒤에도 놀부에게 재산을 나누어 주었어요.
여러분이 흥부라면 어떻게 했을 것 같나요? '나누는 것'에 대해 생각한 후 써 보세요.

착한 흥부와 욕심 많은 놀부가 나오는 《흥부전》은 대표적인 권선징악이에요. 착하게 살면 복을 받고 악하게 살면 벌을 받는다는 거지요. 하지만 초등학생 때는 《흥부전》을 한번 더 깊이 생각하며 읽어 볼까요? 왜 흥부는 가난했고, 놀부는 부자였는지 말이지요. 그 근본적인 원인을 생각해 보면, 흥부의 가난을 좀 더 적극적으로 해결할 방안도 생각이 날 거예요.

교과 연계 : 5학년 도덕_인권을 존중하며 함께 사는 우리　　　　난이도 ★★☆☆☆

아버지를 위해 몸을 던진 소녀

이렇게 효심이 깊은 소녀가 있다니!

　옛날 황해도 황주 땅에 심학규라는 맹인이 살았어요. 그는 곽씨 부인과 혼인하여 딸 심청을 낳았지만, 부인은 심청을 낳은 지 7일 만에 세상을 떠나고 말았어요. 심학규는 눈이 보이지 않아 심청을 키울 방법이 없었지만, 이웃들의 도움으로 젖동냥을 하며 심청을 키웠어요.

　심청은 효심이 깊은 아이로 자라 아버지 심학규를 극진히 봉양했어요. 그러던 어느 날 심학규는 눈을 뜨게 해 주겠다는 화주승의 말에 넘어가 공양미 삼백 석을 바치겠다고 해 버렸어요. 하지만 이를 지킬 수 없었고, 결국 고민 끝에 심청에게 이야기했어요. 그러자 심청은 아버지 대신 공양미 삼백 석을 바치는 대가로 제물이 되어 인당수에 몸을 던지고 말아요.

　한동안 용궁에 머물던 심청은 용왕의 도움으로 다시 태어나 왕비가 되었어요. 심청은 아버지를 찾고 싶은 마음에 전국의 맹인을 불러 잔치를 열었어요. 심청이 떠난 후 뱃사람들에게 받은 재물을 노린 뺑덕어미를 만나 모든 것을 잃고 고생만 하던 심학규는 초라한 행색으로 잔치에 왔어요. 그렇게 심청을 다시 만났고, 그 순간 눈을 번쩍 뜨게 되었지요. 심청은 뺑덕어미에게 벌을 내리고, 아버지와 함께 행복하게 살았습니다.

심청전　정출헌 글, 배종숙 그림 | 휴머니스트 | 2021

앞을 보지 못하는 아버지의 눈을 뜨이게 하기 위해 스스로 인당수에 몸을 던진 효녀 심청의 이야기예요. 〈초등 교과서 속 고전소설 온작품 읽기〉 시리즈 중 하나로, 고전 소설을 어린이의 눈높이에 맞춰 재구성했어요.

라온쌤 뉴스 제42호   키워드 #효도 #노인 부양

대한민국, 노인 부양 문제 '빨간불'

대한민국은 세계에서 노인 인구 비율이 높은 나라 중 하나이다. 2025년 현재, 65세 이상 어르신이 전체 인구의 20%를 넘으며 '초고령 사회'에 들어섰다.

어르신이 많아지면서 사회에는 여러 가지 문제가 생기고 있다. 그중에서도 어르신을 돌보는 일은 사회적으로 큰 걱정거리이다. 예전에는 자녀가 부모를 돌보는 것이 당연했지만, 요즘은 가족 수가 적어지고, 자녀가 모두 일을 하며, 경제적으로 여유가 없는 집도 많아 부모를 모시는 일이 쉽지 않다.

정부는 어르신을 돌보는 문제를 해결하기 위해 '노인 장기 요양 보험 제도'를 만들고 여러 가지 정책을 펼치고 있다. 하지만 요양원이 부족하거나 어르신을 돌보는 요양보호사들의 대우가 좋지 않은 등 아직 해결해야 할 문제가 많다. 전문가들은 어르신 돌봄 문제를 해결하려면 우리 사회의 인식이 바뀌어야 한다고 말한다. 가족만이 책임지는 것이 아니라, 사회 전체가 함께 어르신을 돌보는 방향으로 바뀌어야 한다는 것이다.

노인 부양 문제는 더 이상 개인의 문제가 아니다. 우리 사회 전체가 함께 고민하고 해결해야 할 문제이다. 초고령 사회가 지속되면서 노인들의 삶의 질을 높이는 것도 중요한 과제가 되었다. 단순히 먹고사는 문제를 넘어서 건강 관리와 문화 활동에 힘쓰고 사회에 참여할 수 있는 기회를 늘려야 한다는 목소리가 커지고 있다. 노인들이 스스로 존엄성과 자립심을 지키며 살아갈 수 있도록 돕는 것이 고령 사회를 준비하는 올바른 길이다.

어휘 톡톡

- **초고령 사회** 전체 인구 중에서 65세 이상 노인 인구가 차지하는 비율이 20% 이상인 사회
- **노인 장기 요양 보험 제도** 몸이 불편한 어르신들을 위해 나라에서 돌봄 서비스를 제공하는 제도
- **존엄성** 누구나 소중하고 함부로 대하면 안 되는, 귀하고 중요한 성질

 《심청전》은 어떤 책일까?

심청이 인당수에 몸을 던진 이유는 무엇인가요?

심청이 인당수에 몸을 던진 후에 어떤 일이 일어났는지 써 보세요.

기사를 읽은 후에 알게 된 것은?

노인 인구가 증가하면서 우리 사회에 어떤 문제가 생겼나요?

고령 사회를 준비하기 위해 정부 외에 개인이나 사회는 어떤 노력을 해야 할까요?

 책과 기사를 읽은 후 하고 싶은 말

만약 심청이 오늘날을 살아가는 소녀였다면, 정부와 사회로부터 어떤 도움을 받을 수 있을지 기사를 참고해 써 보세요.

 내 안의 생각 끌어내기

어르신 돌봄은 가족만이 아닌 '사회 전체의 일'이라고 해요.
사회 구성원으로서 여러분이 어르신을 돕기 위해 할 수 있는 일들을 생각한 후 써 보세요.

 라온쌤의 책 속으로

《심청전》은 예로부터 효심을 상징하는 대표적인 이야기예요. 심청이 아버지를 위해 자신의 목숨을 바친 것은 정말 대단한 효심이니까요. 하지만 한편에서는 심학규의 무책임한 말 때문에 딸을 희생시켰다는 비판도 일고 있지요. 여러분은 이 부분에 대해 어떻게 생각하나요? 또한 자식이 부모를 부양하는 문제에 대해서도 생각해 보세요.

교과 연계 : 5-1 사회_인권 존중과 정의로운 사회   난이도 ★★☆☆☆

흉측한 얼굴에서 영웅으로, 박씨 부인 이야기

사람은 겉모습보다 마음이 중요하지요.

조선 인조 때 이시백이라는 사람이 있었어요. 그는 금강산에 사는 박 처사의 딸과 결혼했어요. 아버지 이득춘이 금강산에 놀러 갔다가 박 처사를 만났는데, 자기 아들과 박 처사의 딸을 결혼시키자고 약속했기 때문이에요.

하지만 신부 박씨 부인의 얼굴을 본 이시백은 박씨를 멸시했어요. 박씨의 모습이 너무도 못생긴 데다 심지어 악취까지 났거든요. 시댁 식구들 모두 박씨 부인을 냉대하며 피화당에 홀로 머물게 했어요.

그런데도 박씨 부인은 도술과 재주로 남편 이시백을 도와 장원 급제하게 하는 등 남다른 능력을 발휘했어요. 그러다가 어느 날 아버지 박 처사가 박씨 부인의 허물을 벗겨 주었고, 박씨 부인은 너무도 아름다운 모습으로 변했어요. 그제야 이시백은 박씨 부인에게 자신의 행동을 사과했고, 화목한 가정을 이루었어요.

그러던 중 병자호란이 일어나 청나라 군대가 쳐들어왔어요. 박씨 부인은 뛰어난 지혜와 도술 능력을 발휘해 청나라 군대를 물리치고 나라를 구했어요. 그로 인해 박씨는 왕으로부터 충렬 정경부인에 봉해지지요. 전쟁에서 승리한 후에도 박씨 부인은 겸손한 태도를 유지하며 백성들을 보살폈어요. 이후 박씨 부인은 나라의 안녕과 백성들의 평안을 위해 더욱 힘썼고, 백성들에게 존경받는 영웅으로 남았답니다.

박씨 부인전 김종광 글, 홍선주 그림 | 창비 | 2003

조선 후기 창작된 고전 소설로, 부당한 시집살이와 외적의 침입을 이겨낸 박씨 부인의 활약을 담고 있어요. 뛰어난 용기와 지혜로 전쟁을 승리로 이끈 박씨 부인의 이야기를 통해 슬기롭고 정의로운 여성 영웅의 모습을 엿볼 수 있어요.

필독서와 함께 읽는 뉴스

라온쌤 뉴스 제43호

키워드 #여성 리더십 #유리천장

유리천장, 아직도 깨지지 않았다

현재 대한민국 여성의 사회 진출은 눈에 띄게 증가했지만, 여전히 여성이 고위직으로 향하는 길은 좁고 험난하다. 유리천장이라는 말처럼 보이지 않는 장벽이 여성의 사회적 성장을 막고 있다.

통계청 자료에 따르면, 대한민국의 여성 관리자 비율은 OECD 평균에 훨씬 못 미치는 수준이다. 특히 기업에서 중요한 의사 결정을 하는 높은 자리에 있는 여성의 비율은 더욱 낮다. 이는 여성이 뛰어난 능력과 자질이 있음에도 조직 안에서 충분히 인정받거나 기회를 얻지 못하고 있음을 의미한다.

유리천장의 원인은 복합적이다. 오랜 시간 동안 남성은 일, 여성은 가정이라는 성별 고정 관념이 사회 전반에 깊게 뿌리내려 왔고, 이는 지금도 인사 평가나 승진 과정에서 여성에게 불리하게 작용하고 있다. 조직 내에서는 보이지 않게 남성 중심의 네트워크가 형성되어 있어, 여성은 실력과 성과를 인정받고도 중요한 기회를 얻기 어려운 경우가 많다.

또한, 육아와 가사에 대한 책임이 여성에게 집중된 현실은 일과 가정 살림을 병행하는 데 큰 부담이 된다. 특히 출산과 육아로 인한 경력 단절은 여성의 직장 내 위치를 위태롭게 만들고, 출산이나 육아 이후 업무에 복귀해도 이전과 같은 기회를 얻지 못하는 경우가 많다.

하지만 여성 리더십의 중요성에 대한 사회적 인식은 서서히 변화하는 중이다. 정부도 여성의 경제 활동 참여를 지원하는 정책을 다양하게 펼치려 노력한다. 유리천장은 여성만의 문제가 아니다. 사회 전체의 성장에 저해되지 않도록 모두의 관심과 노력이 더욱 필요하다.

성별에 따른 사회적 차별을 없애야 해!

어휘 톡톡

- **유리천장** 여성들이 높은 직위로 올라가는 것을 막는 보이지 않는 사회적 장벽
- **저해** 막아서 하지 못하게 해침

 《박씨 부인전》은 어떤 책일까?

박씨 부인이 이시백과 집안 사람들에게 멸시당한 이유는 무엇인가요?

병자호란 당시 박씨 부인은 어떤 활약을 했나요?

기사를 읽은 후에 알게 된 것은?

여성의 사회 진출에 보이지 않는 장벽이 있음을 알 수 있는 근거 중 하나는 무엇인가요?

유리천장의 원인을 한 가지만 써 보세요.

책과 기사를 읽은 후 하고 싶은 말

겉모습이나 나이, 성별 때문에 실력이 있어도 제대로 인정받지 못하는 경우가 있어요.
이처럼 실력과 능력 이외의 요소들로 사람을 판단하면 어떤 문제가 생길지 써 보세요.

 **내 안의 생각 끌어내기**

여러분이 알고 있는 성별 고정관념에는 어떤 것이 있나요?
그것이 어떻게 바뀌어야 할지 생각한 후 써 보세요.

　　《박씨 부인전》은 박씨 부인이 외모로 인해 차별받는 모습을 통해 외모 지상주의를 비판하고, 여성도 영웅이 될 수 있음을 보여 준 소설이에요. 이는 당시에 큰 반향을 일으켰을 거예요. 박씨 부인이 뛰어난 능력으로 어려움을 이겨내는 모습은 많은 여성에게 큰 용기와 희망을 주었어요. 현대에 읽어도 흥미진진하고 재미있는 《박씨 부인전》을 통해 여러분도 외모, 능력, 차별, 용기 등 다양한 주제에 대해 생각해 보는 시간을 가져 보세요.

교과 연계 : 5학년 도덕_인권을 존중하며 함께 사는 우리 난이도 ★★★☆☆

정의로운 나라를 세운 의적, 홍길동

　홍길동은 양반 아버지와 첩 사이에서 태어난 서자예요. 첩은 남성이 본처(정식 아내) 외에 함께 살며 자녀를 두는 여자를 말해요. 당시 조선 사회에서 첩의 자식은 아버지를 아버지라 부르지 못하고, 형을 형이라 부르지 못하는 억울한 삶을 살아야 했어요. 홍길동은 어려서부터 똑똑하고 재능이 많았지만, '서자'라는 이유로 벼슬길에 오를 수도 없었고, 자신의 능력을 마음껏 펼칠 수도 없었어요. 그래서 점점 세상의 불공평함에 대한 분노와 슬픔이 커져 갔지요.

　결국 홍길동은 집을 떠나 세상을 떠돌다가 도적 무리와 만나게 돼요. 그러고는 탐관오리나 부정을 저지르는 관리, 부자들을 벌하고 그들의 재물을 가난한 백성들에게 나누어 주는 의적이 되었어요. 백성들은 홍길동을 영웅처럼 따랐고, 그는 점점 더 큰 영향력을 가진 인물이 되었어요.

　홍길동은 조선을 떠나 먼 곳으로 가게 돼요. 홍길동은 백성들이 자유롭고 평등하게 살 수 있는 나라를 만들고 싶었어요. 그래서 새로운 땅에 도착한 뒤, 함께할 사람들을 모아 스스로 나라를 세웠고, 이름을 '율도국'이라 했지요. 그 나라에서는 누구든 노력한 만큼 대접받을 수 있었어요. 홍길동은 정의로운 나라를 만들기 위해 끊임없이 노력했고, 많은 사람에게 존경받으며 살았답니다.

백성들을 위해 정의로운 세상을 만들 거야!

홍길동전 서정오 글, 홍영우 그림 | 보리 | 2020

조선 시대에 신분 차별을 이겨낸 영웅 홍길동의 이야기예요. 그는 서자로 태어나 여러 고난을 겪으며 모두가 평등하게 살 수 있는 '율도국'을 세웠어요. '동에 번쩍, 서에 번쩍' 놀라운 재주로 유명한 홍길동은 단순한 영웅이라기보다는 세상을 바꾸고자 한 혁명가랍니다.

라온쌤 뉴스 제44호   키워드 #공정 #기회

개천에서 더는 용이 나지 않는다?

모두에게 똑같은 기회가 주어져야 해!

많은 청년이 열심히 공부하며 꿈을 이루기 위해 노력하고 있다. 하지만 현실은 생각보다 쉽지 않다. 노력만으로는 넘을 수 없는 보이지 않는 벽이 있고, 많은 청년이 그 앞에서 좌절하고 실망한다.

최근 반복적으로 드러난 공기업과 대기업의 채용 비리는 그 벽이 얼마나 단단한지를 보여주는 사례다. 누군가는 밤낮으로 자기소개서를 쓰고 면접을 준비하는 동안, 어떤 사람은 '누구 아들'이라는 이유로 서류 전형 없이 합격한다. 이런 일들이 반복되면서 청년 세대는 공정함이 무너졌다는 절망을 느낀다.

어린 시절부터 교육의 기회, 문화적 환경, 부모의 지원 수준이 달랐던 것도 불공정의 시작이었다. 하지만 사회에 첫발을 내디딜 때 그 차이는 더욱 뚜렷해진다. 노력으로 채워야 할 자리에 부당한 방식으로 누군가가 끼어드는 순간, '공정 경쟁'은 사라지게 된다.

요즘은 '개천에서 용 난다'는 말이 더는 통하지 않는다고들 한다. 열심히 해도 결과가 보장되지 않고, 누군가가 정해 놓은 길 앞에서 많은 청년이 방향을 잃는다.

공정함에 대한 민감함은 커지고 있지만, 사회에 대한 신뢰는 점점 약해지고 있다. 제도가 정직하지 않다고 느끼는 순간, 노력은 의미를 잃고 분노와 체념이 생긴다. 이는 청년 개인의 좌절을 넘어 사회 전체의 동력을 약화시킬 수 있다.

개인의 노력도 중요하지만, 더 중요한 것은 '기회의 공정성'이다. 모두에게 정직한 출발선이 주어질 때, 청년들은 비로소 미래를 꿈꿀 수 있다.

어휘 톡톡

- **좌절** 마음이나 기운이 꺾임
- **불공정** 정당하지 않고 치우친 상태
- **비리** 법이나 규칙을 어기고 나쁜 행동을 하는 것

《홍길동전》은 어떤 책일까?

홍길동이 어린 시절에 부당하게 느꼈던 것은 무엇인가요?

홍길동이 세운 '율도국'은 어떤 나라인가요?

기사를 읽은 후에 알게 된 것은?

청년 세대가 느끼는 불공정은 어떤 것에서 시작되나요?

청년들의 체념은 어떤 문제로 이어지나요?

 **책과 기사를 읽은 후 하고 싶은 말**

오늘날 우리 사회에도 홍길동이 살았던 조선 시대와 비슷한 차별이 일어나고 있어요.
우리 주변에서 벌어지고 있는 차별에 대해 생각해 본 후 어떤 것들이 있는지 써 보세요.

 **내 안의 생각 끌어내기**

여러분이 오늘날 차별 없는 세상 '율도국'을 세운다면, 그 나라는 어떤 모습인가요?
그 나라에서 꼭 지켜야 할 '공정한 약속'을 한 가지 생각한 후 써 보세요.

 **라온쌤의 책 속으로**

"아버지를 아버지라 부르지 못하고…." 《홍길동전》에 나오는 이 문장은 너무도 유명해서 다들 한 번씩은 들어 봤을 거예요. 이 책은 바로 그런 억울한 신분 차별 속에서도 정의를 위해 싸운 영웅의 이야기예요. 조선 시대의 답답한 제도에 맞서 가난한 백성을 도우며 결국에는 스스로 나라까지 세운 홍길동은 지금까지도 사람들에게 인기가 많답니다. 지금 우리 사회와도 연결되는 이야기가 담긴 고전을 통해 '진짜 정의'란 무엇인지 생각해 보세요.

고전 하루 한 장 초등 필독서

교과 연계 : 5학년 도덕_바르고 떳떳하게   난이도 ★★★☆☆

진짜 중요한 것을 찾아 떠나는 여행

어느 날, 사막에 불시착한 비행사는 어린 왕자를 만나요. 어린 왕자는 자기 별에서 살던 이야기를 들려주기 시작해요. 그 별에는 자기만의 화산, 바오바브나무, 그리고 아주 특별한 장미꽃이 있었어요. 어린 왕자는 그 장미를 사랑했지만, 장미의 자존심과 말투 때문에 마음이 아파져 별을 떠나기로 했어요.

여행을 떠난 어린 왕자는 여섯 개의 별을 차례로 방문해요. 첫 번째 별에서는 명령하기 좋아하는 왕을 만나고, 두 번째 별에서는 허영심 많은 사람을 만나요. 그는 칭찬만 받기를 원하지요. 세 번째 별에는 술주정뱅이가 있는데, 술 마시는 자신이 부끄러워서 또 술을 마신다고 해요. 네 번째 별에서는 별을 숫자로 세며 모두 자기 것이라고 주장하는 사업가를 만나요. 다섯 번째 별의 가로등 지기는 명령에 따라 계속 가로등을 켜고 끄기만 해요. 여섯 번째 별에서 만난 지리학자는 어린 왕자에게 지구라는 별을 추천해 주고, 어린 왕자는 그렇게 해서 지구에 오게 된 거예요.

지구에 온 어린 왕자는 여우와 친구가 돼요. 여우는 길들인다는 건 서로에게 특별해지는 것이라고 말해요. 어린 왕자는 그제야 자신이 별에 남겨 두고 온 장미가 세상에서 가장 소중하다는 것을 깨닫게 돼요.

어린 왕자는 지구에서 뱀도 만나요. 뱀은 지구에 온 지 오래된 존재였고, 어린 왕자가 다시 자신의 별로 돌아갈 수 있도록 도와주기로 해요. 어린 왕자는 비행사에게 작별 인사를 남기고 조용히 사라져요.

이제 진짜 소중한 게 무엇인지 깨달았어.

어린 왕자 생텍쥐페리 지음, 박성창 역 | 비룡소 | 2005

작은 별에서 온 어린 왕자가 여러 별을 여행하며 만난 사람들과의 이야기를 들려줘요. 여우와의 우정, 장미꽃과의 사랑 이야기를 통해 겉모습이 아닌 마음을 보는 법과 진짜 소중한 것에 대해 생각하게 해요.

라온쌤 뉴스 제 45호   키워드 #SNS 좋아요 #가치

눈에 보이는 것만 중시하는 사회

정작 중요한 건 팔로워나 '좋아요' 수가 아닌데….

요즘 많은 사람이 SNS에 사진이나 영상을 올린 뒤 '좋아요'나 팔로워 수를 확인하는 것이 일상이 되었다. 게시물에 많은 반응이 달리면 자신이 인정받는 듯한 기분을 느끼고, 반응이 적으면 괜히 기분이 가라앉기도 한다. '좋아요' 수에 따라 자존감이 오르락내리락하는 사람도 많다.

문제는 이런 숫자가 사람의 가치까지 결정하는 기준이 되고 있다는 점이다. 팔로워가 많은 사람은 유명하고, '좋아요'가 많은 사람은 멋진 삶을 사는 사람처럼 보인다.

그래서 사람들은 더 많은 반응을 얻기 위해 사진을 보정하거나, 일부러 자극적인 콘텐츠를 만들기도 한다. 때로는 거짓된 모습까지 꾸며서 보여준다.

이처럼 겉으로 보이는 숫자에만 집중하는 사회에서는 점점 더 화려한 사진, 짧고 강한 자극을 주는 영상만 주목받는다. 진심은 뒷전이고, 눈길을 끄는 것이 우선이다. SNS를 보다 보면 모두가 잘 살고, 예쁘고, 멋진 것 같지만, 그 안에는 외로움과 불안이 숨어 있는 경우도 많다.

그사이 우리는 중요한 것을 놓치고 있다. 외로움이나 고민은 감추고, 항상 밝고 멋진 모습만 보여 주려 하다 보니, 마음을 나누는 진짜 소통은 점점 사라진다. 가까이 있는 사람과 나누는 조용한 대화보다, 낯선 사람들의 반응에 더 민감해지기도 한다. 우리가 진짜 중요하게 여겨야 할 것이 무엇인지 생각해 봐야 할 문제이다.

어휘 톡톡

- **보정** 부족하거나 마음에 들지 않는 부분을 고쳐서 더 좋게 만드는 것
- **뒷전** 중요하게 여기지 않고 뒤로 미루는 것

《어린 왕자》는 어떤 책일까?

어린 왕자가 여섯 개의 별에서 만난 사람들은 누구였나요? 차례로 써 보세요.

여우가 말한 '길들인다'라는 것은 어떤 의미인가요?

기사를 읽은 후에 알게 된 것은?

SNS에서 사람들의 자존감이 오르락내리락하는 이유는 무엇인가요?

겉으로 보이는 숫자에만 집중하는 사회의 진짜 문제는 무엇인가요?

책과 기사를 읽은 후 하고 싶은 말

SNS에는 여러 장단점이 있어요. SNS가 우리 삶에 미치는 영향을 생각해 본 후 장점과 단점을 각각 하나씩 써 보세요.

 **내 안의 생각 끌어내기**

친구를 만났는데 스마트폰만 하거나 SNS 영상 올리기에 집중해서 진짜 이야기를 나누지 못한 경험이 있나요? 그때 어떤 기분이 들었는지 떠올려 보고, 친구와 더 즐겁게 시간을 보내기 위해 우리가 지켜야 할 예의나 약속을 한 가지 정해 보세요.

 **라온쌤의 책 속으로**

　프랑스 작가 앙투안 드 생텍쥐페리가 쓴 철학적인 동화 《어린왕자》는 전 세계적으로 오랫동안 사랑받고 있는 책이에요. 내용이 재미있어 잘 읽히지만, 이 책에는 인간관계, 사랑, 외로움, 책임, 삶의 가치 등 깊이 있는 주제가 가득해요. 그래서 지금 이 책을 읽어도 어른이 되어 다시 읽으면 또 다른 느낌일 거예요. 어린 왕자의 이야기를 차근차근 따라가며 마음에 남는 문장을 메모해 보아도 좋은 독서가 된답니다.

고전 | 하루 한 장 초등 필독서

교과 연계 : 6학년 도덕_작은 손길이 모여 따뜻해지는 세상   난이도 ★★★☆☆

한 장의 잎새가 준 희망

미국 뉴욕의 그리니치빌리지에서 젊은 여성 화가 존시와 수가 함께 살고 있어요. 두 사람은 서로를 의지해 그림을 그리며 지냈지만, 어느 날 존시가 폐렴에 걸리고 말아요. 병은 점점 심해지고, 존시는 삶에 대한 의지를 잃어가기 시작해요.

존시는 담쟁이덩굴 잎새가 모두 떨어지면 자신도 죽을 거라 믿었고, 친구 수는 그런 존시를 살리기 위해 정성껏 간호해요.

그 건물 아래층에는 베어먼이라는 나이 많은 화가가 살고 있어요. 그는 평생 걸작을 남기는 것이 꿈이었지만, 아직 그런 그림을 그린 적은 없어요. 존시의 이야기를 들은 베어먼은 겉으로는 툴툴거리면서도 마음속으로는 그녀를 걱정합니다.

어느 날 밤, 밤새 거센 비바람이 몰아쳐요. 다음 날 아침, 모두가 떨어질 거로 생각했던 담쟁이덩굴 잎새가 여전히 창밖에 붙어 있어요. 그 모습을 본 존시는 희망을 가지고 조금씩 음식을 먹기 시작해요. 그렇게 존시는 점점 건강을 되찾아요.

하지만 그 잎은 진짜 잎새가 아니었어요. 바로 그날 밤, 베어먼이 비바람 속에서 벽에 그려 놓은 그림이었어요. 그는 그 그림을 그리고 난 뒤 심한 감기에 걸려 결국 세상을 떠나고 말아요. 사람들은 그 그림이 베어먼이 남긴 마지막이자 최고의 걸작이었다고 말해요.

> 담쟁이덩굴 잎새처럼 나도 살아남아야겠어!

마지막 잎새 오 헨리 원저, 하의정 그림 | 지경사 | 2021

〈마지막 잎새〉는 따뜻한 배려와 작은 희망이 얼마나 큰 기적을 불러일으킬 수 있는지 보여 주는 오 헨리의 대표작이에요. 감동적인 반전과 여운을 남기는 이야기로 전 세계 독자들에게 사랑 받아온 작품이랍니다. 이 책에는 그 외에도 오스카 와일드, 에드거 앨런 포 등 세계 명작 단편 13편이 함께 실려 있어요.

라온쌤 뉴스 제46호   키워드 #벽화 #범죄 예방

희망을 주는 알록달록 마을 벽화

어두운 골목길이 알록달록 벽화 덕분에 환하고 안전한 길로 바뀌고 있다. 최근 여러 지역에서 '벽화 그리기 프로젝트'를 통해 우범 지역이 안전한 마을로 다시 태어나고 있다는 소식이 들려온다.

예를 들어, 수원 지동의 한 주택가는 범죄가 자주 일어나는 위험한 동네로 알려져 있었다. 그런데 골목길 담벼락에 벽화를 그린 뒤부터 분위기가 완전히 달라졌다. 벽화를 그리기 전에는 범죄가 1,200건 넘게 발생했지만, 벽화가 완성된 후에는 800건대로 줄어들었다. 무려 30% 넘게 범죄가 줄어든 것이다. 벽화가 단순히 그림을 넘어서, 마을 전체의 분위기를 바꾼 것이다.

인천 숭의동, 경북 성주, 서울 은평구 다래 마을, 서울 회기동 '안녕마을' 등에서도 비슷한 변화가 나타났다. 어둡고 무서웠던 골목길은 밝고 생기 넘치는 거리로 바뀌었고, 주민들은 더 이상 불안해하지 않고 마음 편히 거리를 다닐 수 있게 되었다. 서울 회기동 '안녕마을'에서는 '범죄 예방 디자인'이라는 이름으로 환경을 바꿔 범죄를 막는 프로젝트도 진행되었다. 벽화는 이 디자인의 핵심 요소로, 범죄자들이 쉽게 접근하지 못하게 하는 데 큰 역할을 한다. 전문가들은 벽화가 어두운 곳을 밝게 만들면, 자연스럽게 사람들이 많이 다니게 되고, 사람들의 눈이 많아지면 범죄도 줄어든다고 말한다. 또 주민들이 직접 벽화 그리기에 참여하면서 마을에 대한 관심과 애정도 더 깊어졌다고 한다. 앞으로도 더 많은 마을이 벽화의 힘으로 새롭게 변하기를 기대한다.

마을 벽화는 마을의 안전과 소통에 큰 역할을 해요.

어휘 톡톡
- **우범 지역** 범죄가 자주 일어나거나 일어날 가능성이 높은 곳
- **핵심 요소** 가장 중심이 되는 중요한 조건

《마지막 잎새》는 어떤 책일까?

잎이 하나둘 떨어질 때마다 존시의 마음이 어두워진 이유는 무엇인가요?

존시를 살린 것은 무엇인가요?

기사를 읽은 후에 알게 된 것은?

수원 지동의 한 주택가는 벽화를 그린 후 어떤 변화가 있었나요?

전문가들은 벽화가 어두운 곳을 밝게 만들면 어떤 효과가 일어난다고 했나요?

책과 기사를 읽은 후 하고 싶은 말

《마지막 잎새》에서 베어먼이 그린 잎과 우리나라 마을의 벽화에는 어떤 공통점이 있을까요? 그림이 사람들에게 어떤 힘이나 변화를 주었는지 써 보세요.

내 안의 생각 끌어내기

여러분이 벽화를 그린다면 어떤 그림을 그리고 싶나요? 그 이유와 함께 써 보세요.

라온쌤의 책 속으로

찬 바람에도 끝내 떨어지지 않은 벽에 남은 한 장의 잎새, 꺼져 가던 생명이 다시 살아나는 기적 같은 순간 뒤에는 이름 없는 한 화가의 조용한 희생이 담겨 있어요. 《마지막 잎새》는 절망 속에서도 희망을 찾게 하는 감동적인 이야기예요. 누군가의 희생이 한 사람의 생명을 살릴 수 있다는 걸 보여 줘요. 이 이야기를 통해 예술이 사람에게 주는 힘에 대해 생각해 보게 돼요.

교과 연계 : 6학년 도덕_내 삶의 주인은 바로 나   난이도 ★★★☆☆

벌레가 된 인간, 잊혀진 마음

평범한 청년 '그레고르 잠자'는 외판원으로 일하며 가족의 생계를 책임지고 있어요. 아버지는 은퇴했고, 어머니는 병이 들었으며, 여동생은 아직 학생이었기 때문에 그레고르 혼자 돈을 벌어야만 하지요. 그러던 어느 날 아침, 자고 일어나 보니 그레고르는 거대한 벌레로 변해 있어요. 몸은 딱딱한 껍질에 덮여 있고, 다리는 얇고 가늘게 떨리고 있었어요. 그레고르가 방에서 나오지 않자 가족과 회사 지배인이 그의 방문을 열어 봅니다. 그러나 벌레가 된 그레고르의 모습을 보고 모두 비명을 지르며 도망쳐요.

그날부터 그레고르는 방 안에 갇힌 채 혼자 지내게 돼요. 여동생은 처음에는 그를 돕지만, 점점 지쳐가고 말아요. 부모님 역시 그를 점점 멀리하고, 특히 아버지는 사과를 던져 그레고르를 다치게 하기도 해요.

그레고르는 점점 가족에게 짐이 되고, 가족들은 그의 존재를 숨기거나 없애고 싶어 해요. 어느 날 여동생은 가족에게 그를 내쫓자고 제안해요. 그 말을 들은 그레고르는 더 이상 존재할 이유가 없다고 느꼈고, 결국 방 한구석에서 조용히 죽음을 맞이합니다.

그레고르가 죽은 다음 날, 가족들은 오랜만에 햇볕을 쬐며 외출을 해요. 그들은 그제야 삶의 무게에서 벗어난 것처럼 밝게 이야기하며 새로운 미래를 계획해요.

변신 프란츠 카프카 지음, 정제광 역, 김세은 그림 | 지경사 | 2010

한 가정의 가장인 그레고르가 어느 날 아침 거대한 벌레로 변하면서 가족과 사회로부터 점점 소외되는 과정을 그린 이야기예요. 겉모습이 달라졌다는 이유로 가족에게 외면당하는 그레고르의 모습을 통해 인간이 도구처럼 쓰이고 버려지는 현실을 보여 줘요.

라온쌤 뉴스 제47호   키워드 #노인 돌봄 #노인 복지

누군가 곁에 있어 주는 돌봄이 절실

고령화 사회로 접어든 한국에서는 이제 부모와 자녀가 한집에 사는 풍경이 점점 드물어지고 있다. 그 대신, 많은 노인이 요양원 같은 보건 시설에 들어가 지내고 있다. 문제는 그곳에서의 적절한 돌봄을 받기도 하지만 고립되고 방치되기도 한다는 것이다. 정기적으로 면회를 가던 가족들의 발길이 끊기기도 하고, 가족에게 완전히 잊힌 채 병실에 홀로 남겨진 노인들도 있다.

요양 시설과 관련된 가장 큰 문제는 이렇듯 관계의 단절이다. 신체가 불편해져 자신을 돌볼 수 없게 된 노인을 가족이 책임지지 않으려 하거나, 시설에 맡긴 뒤 연락조차 끊기 때문이다. 요양 보호사의 수가 부족해 일대일 돌봄이 어려운 상황에서는 정서적 교류는커녕, 기본적인 인간다운 돌봄조차 이뤄지기 어렵다.

누군가를 돌본다는 것은 단순히 식사를 챙기고 약을 먹이는 일이 아니다. 그 사람의 존재를 기억하고, 말이 없더라도 곁을 지키는 일이다. 점점 더 많은 사람이 요양 병원에서 생을 마치게 되는 게 앞으로의 현실이다. 이제 우리는 과연 어떤 돌봄을 바라고 있는지 돌아보아야 할 때다. 단지 나이가 들었다는 이유만으로 쓸모없는 존재로 여겨지는 것은 매우 씁쓸하고 안타까운 일이다.

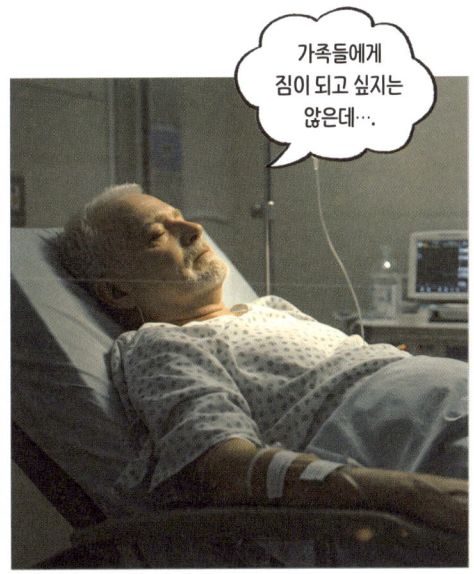

가족들에게 짐이 되고 싶지는 않은데….

🔍 어휘 톡톡

- **요양원** 몸이 불편한 사람이 치료를 받거나 쉬면서 돌봄을 받는 곳
- **단절** 이어지던 관계나 소통이 끊어지는 것
- **요양 보호사** 병원이나 시설에서 어르신이나 환자의 식사, 위생, 움직임 등을 돕는 사람

《변신》은 어떤 책일까?

그레고르는 가정에서 어떤 역할을 하고 있었나요?

그레고르가 세상을 떠난 뒤 가족들은 무엇을 했나요?

기사를 읽은 후에 알게 된 것은?

요양 병원이나 요양원에 들어간 노인들이 겪는 문제는 무엇인가요?

요양 시설과 관련된 가장 큰 문제는 무엇인가요?

책과 기사를 읽은 후 하고 싶은 말

만약 가족 중 한 사람이 아프거나 다쳐서 일을 할 수 없게 되었다고 가정해 보세요.
병원비와 생활비가 많이 들어서 가족들이 힘들어하고 있을 때 나라나 지역이
도와줄 수 있는 방법을 한 가지만 생각해 써 보세요.

 **내 안의 생각 끌어내기**

여러분이 생각하는 '가족'은 어떤 모습인가요?
가족이란 무엇이며, 어떤 관계일 때 진짜 가족이라고 말할 수 있을지 써 보세요.

　이 소설은 한 사람이 가정 안에서 역할을 잃었을 때 남은 가족들이 어떻게 변화하는지 아주 잘 보여 주고 있어요. 또한 자본주의 사회에서 인간이 어떻게 소모되고 있는지도요. 이 이야기를 통해 우리가 가족을 어떻게 대해야 할지, 그레고르가 벌레로 변한다는 것은 어떤 의미일지 곰곰이 생각해 봐요.

고전 하루 한 장 초등 필독서

교과 연계 : 5학년 도덕_바르고 떳떳하게   난이도 ★★★★★

양심과 도덕을 지키고자 떠난 장발장

장발장은 가난 때문에 조카들에게 줄 빵 한 조각을 훔치다 체포되어 징역형을 선고받아요. 도망을 시도하는 바람에 형량이 계속 늘어나 결국 19년 동안 감옥에 있게 돼요. 감옥에서 나온 뒤 전과자라는 낙인 때문에 어디서도 따뜻한 대우를 받지 못하고 방황하던 장발장은 한 신부의 도움으로 삶을 바꾸기로 결심해요.

그는 이름을 바꾸고 다른 도시에서 공장을 운영하며 시장이 돼요. 그러던 중 자신 때문에 해고된 한 여성 노동자 팡틴이 병들어 죽어가고 있다는 사실을 알게 돼요. 장발장은 팡틴의 딸 코제트를 맡기로 약속하고, 그녀를 데려와 아버지처럼 키우지요.

하지만 장발장의 과거를 알고 있는 경찰 자베르는 끊임없이 그를 추적해요. 장발장은 정체가 드러나 도망치지만, 코제트를 지키기 위해 파리에서 숨어 지내요. 코제트는 성장해 마리우스라는 청년과 사랑에 빠지고, 마리우스는 민중 봉기에 나서요. 장발장은 전장으로 가서 마리우스를 구하고, 혁명군의 포로로 잡혀 있던 자베르를 놓아 준 뒤 하수도를 통해 마리우스를 데리고 빠져나와요.

배고픈 조카들을 위해 어쩔 수 없어!

마리우스는 코제트와 결혼하지만, 장발장의 과거를 알게 되면서 그를 멀리해요. 장발장은 외롭게 지내고, 점점 병들어 가요. 나중에 진실을 알게 된 마리우스와 코제트가 다시 장발장을 찾아왔을 때, 그는 이미 마지막 순간을 준비하고 있었어요. 장발장은 코제트의 손을 잡은 채 조용히 생을 마감해요.

레 미제라블 빅토르 위고 지음, 염명순 역 | 비룡소 | 2015

프랑스어로 '비참한 사람들'이라는 뜻의 《레 미제라블》은 가난 때문에 죄를 지은 뒤 전과자라는 낙인을 안고 살아가게 된 장발장의 이야기예요. 장발장은 수많은 고난과 사회의 차가운 시선에도 굴하지 않고 자신의 삶을 바꾸고 새로운 길을 걸어가요.

라온쌤 뉴스 제 48호　　　　　　　　　　　　**키워드** #생계형 절도 #빈곤

'배고픔'에 내몰린 범죄

얼마 전 경기도의 한 대형마트에서 60대 여성이 라면과 우유, 과자 몇 가지를 가방에 넣고 계산 없이 나오다가 보안 요원에게 붙잡혔다. 현장에 출동한 경찰은 절도 혐의로 이 여성을 조사했으며, 여성은 먹을 게 없어서 그랬다며 고개를 떨궜다. 며칠 전에는 서울의 한 편의점에서 컵라면을 훔치다 적발된 70대 남성 역시 경찰 조사에서 배가 고파서 그랬다고 진술했다.

이처럼 극단적인 빈곤 상태에서 물건을 훔치는 생계형 범죄가 끊이지 않고 있다. 통계청이 발표한 자료에 따르면, 절도 범죄 가운데 생계형 절도 비율은 전체의 15% 이상으로 꾸준히 나타난다. 특히 혼자 사는 사람과 노인 인구가 늘어나는 지금, 외로움과 경제적 걱정이 함께 겹치면서 어려움을 겪는 사람들이 점점 많아지고 있다. 그로 인해 도움을 받지 못하고 제도 바깥으로 밀려나는 이들이 있다.

전문가들은 생계를 위한 범죄라고 해서 정당화될 수는 없지만, 이런 사건이 반복되는 이유는 사회에 문제가 있다고 입을 모아 말한다. 복지 제도가 이들에게 충분히 연결되지 못하면 이들이 선택할 수 있는 것이 별로 없어 결국 절도로 이어진다는 것이다.

잘못에 대해서는 처벌해야 하고 그래서 법도 필요하다. 하지만 우리 사회는 그 배경도 살펴보고 이를 줄일 방법을 고민해야 한다. 생존의 마지막 선택이 범죄로 이어지는 일이 반복되지 않도록 하기 위해서 말이다.

생계를 위한 절도가 처벌만으로 해결이 될까?

어휘 톡톡

- **진술** 일이나 상황에 대하여 자세하게 이야기하는 것
- **복지** 모든 사람이 인간답게 살 수 있도록 돕는 제도나 환경

《레 미제라블》은 어떤 책일까?

장발장이 팡틴의 딸 코제트를 맡게 된 이유는 무엇인가요?

마리우스는 왜 한동안 장발장을 멀리하게 되었나요?

기사를 읽은 후에 알게 된 것은?

생계형 범죄란 무엇인가요?

생계형 범죄가 반복되는 원인은 무엇인가요?

 **책과 기사를 읽은 후 하고 싶은 말**

법은 모두에게 똑같이 적용되어야 할까요, 아니면 처한 상황에 따라 유연하게 적용해야 할까요? 여러분의 생각을 그 이유와 함께 써 보세요.

 **내 안의 생각 끌어내기**

먹을 것이 없는 간절한 상황에서 절도를 하는 이른바 '생계형 절도'에 대해 어떻게 생각하나요? 그 이유를 들어 자세히 써 보세요.

 **라온쌤의 책 속으로**

소설 《레 미제라블》은 한 전과자가 새롭게 삶을 살아가는 이야기로 시작되지만, 그 속에는 당시 프랑스 사회의 법과 정의, 빈곤과 계급, 혁명과 민중, 사랑과 헌신 같은 복합적인 주제가 담겨 있어요. 어린이에게는 다소 어려울 수 있지만, 인물을 따라 읽으며 우선 느껴지는 것을 마음에 담아 보세요. 나중에 커서 다시 읽는다면, 느끼는 감동이 더욱 커질 거예요.

"부모를 모셔야 할 책임은 누구에게 있을까?"

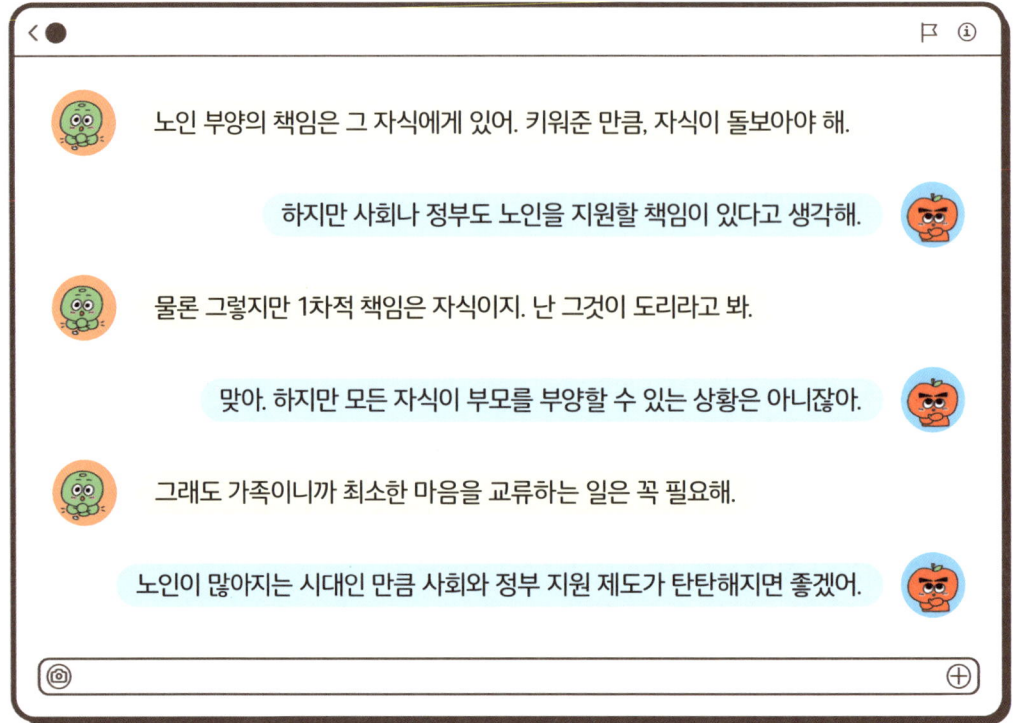

- 노인 부양의 책임은 그 자식에게 있어. 키워준 만큼, 자식이 돌보아야 해.
- 하지만 사회나 정부도 노인을 지원할 책임이 있다고 생각해.
- 물론 그렇지만 1차적 책임은 자식이지. 난 그것이 도리라고 봐.
- 맞아. 하지만 모든 자식이 부모를 부양할 수 있는 상황은 아니잖아.
- 그래도 가족이니까 최소한 마음을 교류하는 일은 꼭 필요해.
- 노인이 많아지는 시대인 만큼 사회와 정부 지원 제도가 탄탄해지면 좋겠어.

 우리나라는 고령화가 계속 진행되고 있어요. 이에 따라 노인 부양 문제에 대한 다양한 정책과 논의도 나오고 있지요. 노인 부양의 책임은 누구에게 가장 큰지 여러분의 생각을 정리해서 써 보세요.

"가족이 있어서 좋은 점은 뭘까?"

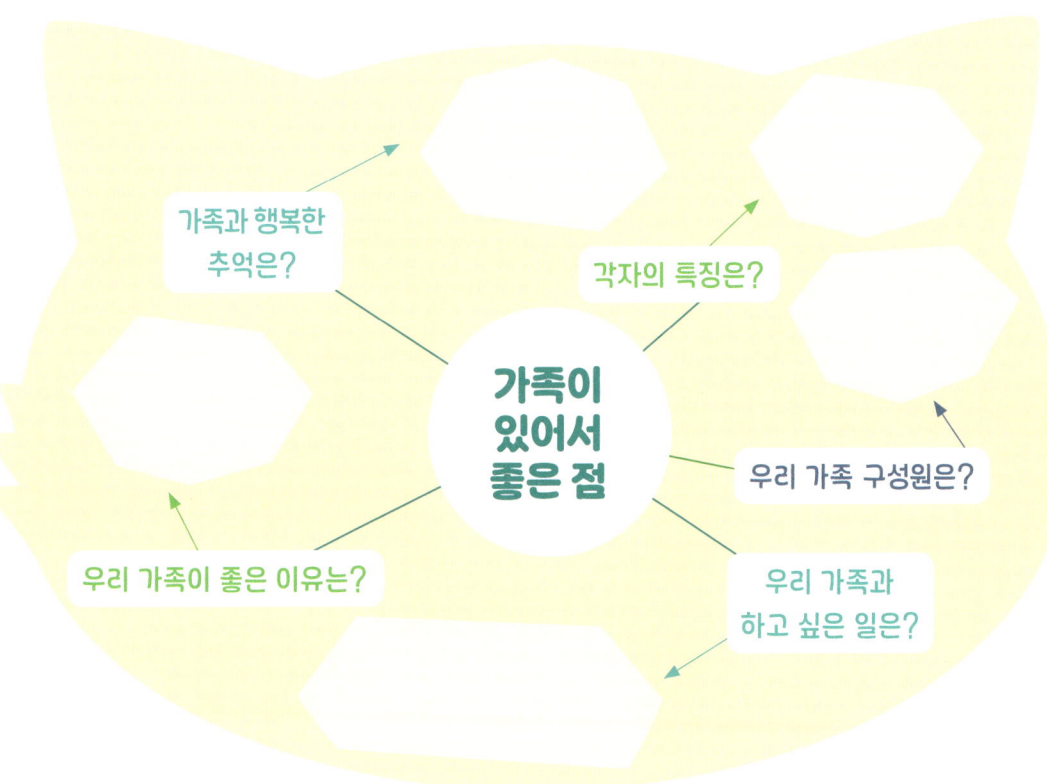

 마인드맵을 참고해 여러분의 가족 구성원에 대해 소개하고 가족이 있어 좋은 점을 써 보세요.

책과 신문 읽고 쓰는

1판 1쇄 인쇄 2025년 9월 10일
1판 1쇄 발행 2025년 9월 17일

글 오현선
그림 피넛
발행인 김형준

총괄 김아롬
책임편집 이의정, 박시현
디자인 홍정순
기획관리 허양기
온라인 홍보 허한아
마케팅 진선재

발행처 체인지업북스
출판등록 2021년 1월 5일 제2021-000003호
주소 경기도 고양시 덕양구 원흥동 705, 306호
전화 02-6956-8977
팩스 02-6499-8977
이메일 change-up20@naver.com
블로그 blog.naver.com/changeupbooks

ⓒ 오현선, 2025

ISBN 979-11-91378-81-8 (73700)

- 이 책의 내용은 저작권법에 따라 보호받는 저작물이므로,
  전부 또는 일부 내용을 재사용하려면 저작권자와 체인지업북스의 서면동의를 받아야 합니다.
- 잘못된 책은 구입처에서 교환해 드립니다.
- 책값은 뒤표지에 있습니다.

체인지업북스는 내 삶을 변화시키는 책을 펴냅니다.